벚꽃과 그리스도

벚꽃과 그리스도

문학으로 보는 〈일본 기독교〉의 계보

김승철 지음

동연

'일본에서 태어난 나의 그리스도'의 문학적 탐색

수년 전의 어느 늦여름, 가루이자와(輕井澤)에서 시인인 시바사키 사토시(柴崎 聰) 씨와 함께 아리시마 다케오(有島武郎)의 특별 전시회를 관람할 기회가 있었다. 신앙인으로서, 작가로서의 아리시마의 삶들이 여러 사진 자료와 함께 전시되어 있었고, 연인 하타노 아키코(波多野秋子)와 함께 삶을 마감했음을 전하는 당시의 신문기사도 읽을 수 있었다. 사진으로 보는 아키코는 부드러우면서도 강한 의지가 얼굴 전체에 흐르는, 이목구비가 뚜렷한 미모의 여인이었다.

우리는 전시실을 나와 아리시마의 별장이었던 조게츠앙(淨月庵)을 이전해서 만든 찻집에서 커피를 마셨다. 그러고는 아리시마에 대해, 기독교와 관계를 맺었던 당시 일본의 젊은 문인들에 대해 여러 가지 이야기를 나누었다.(찻집의 이름은 아리시마의 유명한 작품명을 그대로 본뜬 『한 송이의 포도』(一房の葡萄)였다.) 그때 우리들이 나누었던 이야기는 대강 다음과 같은 물음을 둘러싼 것이었다. 무엇이 이 문학의 천재로 하여금 기독교를 받아들이게 하였으며, 또 무엇이 그로 하여금 교회를 떠나도록 만들었을까? 아리시마의 입신과 배교(背敎), 혹은 기교(棄敎)는 근대화의 조류 속에서 서구의 기독교를 받아들였던 한국과 일본의 기독교인들에게 무엇을 의미하는 것일까? 당시 기독교에 입신하였다가 기독교를 떠난 인물이 아리시마 한 사람에 그치는 것이 아니라는 사실은, 위의 두 가지 물음이 결코 한 사람의 개인사에 국한된 것이 아님을 말해주고 있지는 않을까? 신앙이 개인의 내면적인 차원의 것인 동시에 사회적이고 문화적인 것이라면, 일본의 문인들이 기독교와 맺었던 관계 양태를 고찰해봄으로써 우리들은 신앙이 지니는 복합적인 차원, 다시 말해서 신앙의 실존적이고 사회적이며 문화적인 차원을 엿볼 수 있는 것은 아닐까?

일본의 문학가가 기독교와 관계했던 양태에 대한 관심은, 십수 년 전, 일본의 가톨릭 소설가인 엔도 슈사쿠(遠藤周作)에 대한 필자의 연구서 『엔도 슈사쿠의 문학과 기독교 - 어머니이신 하느님을 찾아서』를 통해서 어쭙잖게나마 표현된 바가 있었거니와, 위에서 언급했던 가루이자와에서의 경험은 엔도 이외의 문학가들의 작품을 나름대로 읽어나가게 된 계기가 되었다. 그것은 '일본에서 태어난 나의 그리스도'에 관심을 가졌던 아쿠타가와 류노스케를 필두로, '아쿠타가와상'을 수상한 현역 작가 세이라이 유이치에 이르는 일련의 작가들의 작품을 읽어나가는 것을 의미하였다. 서구 기독교가 일본에 상륙하였을 때, 일본의 젊은 엘리트들은 서구 기독교의 참신성에 매혹되고, 저 위대한 인류의 신앙적 유산에 스스로 몸담으면서도, '서구에서 형성된 저들의 그리스도'에 만족하지 아니하고 자신들의 문화적 토양인 '일본에서 태어난 나의 그리스도'를 조형해내고자 하였다. 그들이 문학적 언어로 고백해낸 그리스도는, 실존적이고도 사회적·문화적인 측면에서 지칠 줄 모르고 행해진 해석학적 작업의 산물이었다.

하지만 여기서 고백하지 않으면 안 되는 것은, 필자는 신학을 공부하고자 하는 사람으로서 문학에 대해서는 너무나 아는 바가 없다는 사실이다. 그러기에 언감생심 문학 평론을 쓰려는 생각은 애당초 없었으며, 또 그럴 만한 능력도 필자에게는 있을 리 없다. 다만, 치졸한 방식으로나마 기독교와 관련된 일본의 문학 작품을 읽어보려고 합당치도 않은 과욕을 부려보게 되었던 것은, 그들의 삶과 작품이 '아시아에서의 기독교의 수용'이라는 필자 자신의 신학적 관심과 불가분의 관계를 가지고 있었기 때문이었다. 그들은 '아시아에서의 기독교의 수용'과 그로 인해 발생하는 새로운 기독교 신앙의 조형이라는 문제에 대해 자신들의 삶과 작품을 통해 치열하게 발언을 해오고 있었다. 따라서 이 책은 이러한 작가들이 남겨놓은 궤적을 따라가면서 거기에서 형성되어오는 아시아 신학의 가능성을 탐색해본 조그마한 시도에 지나지 않는다. 여러 선배와 독자 제현의 질정(叱正)을 바라는 마음 간절하다.

원래 이 글은 2009년 한 해 동안 《기독교사상》에 「역광(逆光)의 일본 기독교」라는 제목으로 연재된 것이었다. 당시 편집주간이었던 한종호 목사님과 잡지사의 고마운 배려가 없었다면 이 글은 탄생할 수 없었을 것이다. 또한 한일장신대학교의 차정식 교수께서는 이 글이 쓰여지고 잡지에 실릴 수 있도록 많은 권고와 협력을 해주셨다. 시인인 시바사키 사토시 씨로부터는 일본 문학과 기독교에 대하여 많은 조언을 들을 수 있었다. 문학 작품을 이해하고 한글로 번역하는 과정에서는 킨조학원 대학의 나카노 오사미(中野修身) 교수께 많은 지도를

받을 수 있었다. 성서공회의 총무이셨던 민영진 박사님께도 이 책의
출판과 관련해 과분한 격려와 지도를 받았다. 동북아기독자문학회의
의 이반 선생님(전 숭실대 교수)과 모리타 스스무(森田 進) 선생님, 한
국일본기독교문학회의의 조사옥 선생님(인천대 교수)과 이시준 선생
님(숭실대 교수)을 비롯하여 회원들로부터 받은 지도와 격려는 이 책
을 쓰는 데 커다란 도움이 되었다.

그리고 나고야의 누노이케(布池)교회의 엔도 게이코(遠藤惠子) 씨에
게 깊은 감사를 드린다. 게이코 씨는 정기적으로 통원 치료를 해야만
하는 어려운 상황이었는데도, 편지와 전화를 통해서 많은 조언과 격
려와 자료 제공을 해주심으로써 필자에게 큰 도움을 주었다. 얼마 전,
이 책이 한국에서 출판될 예정임을 전화로 말씀드렸을 때, 밝은 목소
리로 함께 기뻐해주셨다. 게이코 씨의 건강을 위해 기도드린다. 마지
막으로 동연출판사의 김영호 사장님의 고마운 배려로 부족한 글이 예
쁜 책으로 태어날 수 있게 되었다.

이 모든 분들께 이 자리를 빌려 심심한 감사를 드리는 바이다.

2012년 3월 나고야에서

김승철

| 차례 |

아쿠타가와 류노스케의
'나의 그리스도'

“그러면 너희는 나를 누구라 하느냐.”

_ 마태복음 16:15

“그러면 너희는 나를 누구라 하느냐.”

_ 마태복음 16:15

'나의 그리스도'의 문학적 계보

근대 일본 문학을 대표하는 소설가 아쿠타가와 류노스케(芥川龍之介, 1892~1927)는 1917년(다이쇼 6년) 『방황하는 유대인』(さまよえる猶太人)이라는 단편 소설을 발표했다. 이 단편은 다양한 변이를 거치면서 중세 유럽의 전설로 전해져 내려오는 이야기를 소재로 하고 있다. 그 소재는 바로 '예수 그리스도로부터 벌을 받아 최후의 심판이 도래하는 날을 기다리면서 영원히 표랑(漂浪)을 계속하는 유대인'에 관한 이야기다.[1]

전설 속의 유대인이 표랑이라는 형벌을 받게 된 이유는 예수에게 돌이킬 수 없는 죄를 지었기 때문이다. 그는 십자가를 지고 골고다 언덕을 향해 가던 예수가 지친 나머지 자신의 집 앞에서 잠시 숨을 돌리려고 하자, 예수에게 심한 모욕의 말을 퍼붓고 때리면서, 어서 가던 길이나 가라고 재촉하였던 것이다.

자신을 멸시하고 박대한 비정한 유대인에게 예수는 "가라고 한다면 안 갈 것은 아니지만, 그 대신 그대는 내가 다시 돌아올 때까지 기다리고 있으리라"라고 응대하였다.(실은 이 말을 들은 유대인은 안절부절 못하여 예수의 발치에 "무릎을 꿇고, 발톱이 다 빠져버린 예수의 발에 두려운 마음으로 입을 맞추려고 하였다." 그러나 때는 이미 늦어 그리스도는 병사들에게 끌려간 뒤였다. 유대인은 "무어라 말로 다할 수 없는 후회가 마음 깊은 곳으로부터 올라오는 것을 느꼈으나, 아무도 그를 동정해주는 사람은 없었다.") 예수의 이 말은 그의 운명에 걸린 주술(呪術)이 되었고, 그 결과 그 유대인은 예수가 재림하는 그날까지 지상을 끝없이 방황해야 할 운명을 지니게 되었다. 이후 그는 세례를 받고 요세프라는 세례명까지 받았으나, 한번 내려졌던 형벌은 언제까지나 풀리지 않았다. 그에게는 죽음에 의해서 이 형벌로부터 벗어나는 길도 허락되지 않았던 것이다.

아쿠타가와는 『방황하는 유대인』이라는 작품에서 이 유대인이 세계 각지에 출몰하였다는 기록들을 소개한 후, "이 전설적 인물에 대해서 일찍이 품었던 두 가지 의문"을 기술하고 있다. 우리가 일본의 기독교라는 주제를 논함에 있어서 그의 작품에 관심을 가지는 것은 그가 품었던 이 '의문'과 깊이 관계된다. 그가 제기하는 '두 가지 의문' 가운데 첫 번째는, 그 유대인은 이미 기독교가 전파되었던 일본에도 왔었던 것은 아닐까 하는 것이다. 그리고 두 번째 의문은, 예수를 박해한 죄를 범한 것은 그 유대인 한 사람만이 아닌데 어찌해서 그 유대인만이 그처럼 처절한 형벌을 받아야 하는가이다.(그리스도에게 죄를 범한 유대인이라는 모티브는 후미에(踏繪)를 밟고 그리스도에 대한 신앙을 버리도록 강요된 기리시단(切支丹)들의 배교라는 주제와 연결된다는 점에서 엔

도 슈사쿠(遠藤周作, 1923~1996)의 『침묵』(沈默)의 주제와도 상통한다고 할 것이다.)[2]

그런데 아쿠타가와가 제기하는 '두 가지 의문' 중에서 우리의 논지에 직결되는 것은 첫 번째 의문이다. "동양과 서양, 일본과 서양의 신(神)이라고 하는 기리시단 문학에 연관되는, 호사적(好事的)인 첫 번째 의문"[3] 이 오히려 우리의 호기심을 자극하는 것이다. 아쿠타가와의 말을 직접 들어보자.

첫 번째 의문은 순전히 사실상(事實上)의 문제이다. 즉 '방황하는 유대인'은 거의 모든 기독교 국가에 모습을 나타냈었다. 그렇다고 한다면, 그가 일본에도 온 적이 있는 것은 아닐까 하는 것이다. 14세기 후반 일본의 서남부는 대개 천주교를 신봉하고 있었다. (중략) 그렇다면 다이묘(大名)라고 불리던 봉건 시대의 귀족들이 황금으로 된 십자가를 목에 걸고 주기도문을 외우던 일본, 귀족의 부인들이 산호(珊瑚)의 염주를 손끝으로 헤아리면서 성(聖) 처녀 마리아 앞에 무릎을 꿇었던 일본을 그가 찾아오지 않았다고 할 수는 없다.[4]

『방황하는 유대인』이라는 작품에 나타난 아쿠타가와의 기독교 이해, 특히 죄와 벌과 구원에 대한 그의 중층적인 이해에 대해서는 이곳에서 거론할 여유가 없지만, 아쿠타가와의 물음에 대해서는 소박한 관심을 가질 수 있다. '방황하는 유대인'이 기독교 국가에 모습을 드러냈다면 과거에 기독교 신자가 많이 있었던 일본에도 왔던 것은 아닐까 하는 물음에 대해서 말이다. 아쿠타가와는 자신이 여러 문헌을

섭렵하던 중, 프란시스 자비에르가 "히라도(平戶)로부터 규슈(九州)의 본토로 가는 배에서" 방황하는 유대인인 요세프를 만나 대화를 나눈 사실을 기록한 문서를 우연히 손에 넣었다고 쓰고 있으나, 이것은 그의 창작일 뿐이다. 그러나 이러한 허구상의 설정은 그의 관심이 단순히 '사실상'의 영역을 뛰어넘어 있음을 역설적으로 말해준다. 그 영역이란, 일본이 서구의 기독교를 받아들일 당시부터 제기되었던 문제, 즉 '일본과 (서구의) 기독교'라는 주제를 포함하는 영역이다. 나아가 그 물음은, 아쿠타가와가 『서방 사람』(西方の人)이라는 작품에서 말하고 있듯이, '역사적 사실이나 지리적 사실'을 멀리 뛰어넘어 '나의 그리스도'를 형상화하려는 시도와 맞물려 있다.

일본에서 태어난 '나의 그리스도'(わたしのクリスト)는 반드시 갈릴리 호수를 바라보지는 않는다. 빨간 열매를 맺는 감나무 아래서 나가사키 해안의 후미진 곳도 바라보고 있다. 그래서 나는 역사적 사실이나 지리적 사실을 돌아보지 않는 것이다. (중략) 그리고 나는 그리스도의 말이나 행동 하나하나를 충실하게 소개할 여유도 없다. 나는 단지 내가 느낀 대로 '나의 그리스도'를 기술하고자 한다.[5]

아쿠타가와는 『속 서방 사람』(續西方の人)에서도 "4복음서 중에서 나를 부르는 그리스도의 모습을 분명하게 느끼고 있기에" '나의 그리스도'를 묘사해서 4복음서에 묘사된 그리스도에 자신의 그리스도상을 덧붙이는 일을 포기할 수 없다고 말한다. 그런데 이처럼 '나의 그리스도'를 그려내는 일은 그리스도를 이해하고자 할 때 필수적이다.

왜냐하면 그리스도는 "만인의 거울"로서 "오직 한 사람뿐인 그리스도 속에서 모든 사람들은 그들 자신을 발견하기 때문이다."[6]

'일본에서 태어난 나의 그리스도'를 문학적으로 형상화하고자 하였던 아쿠타가와의 위와 같은 관심과 물음은 일본 기독교 역사의 저류를 흐르는 '바소오스티나토(basso ostinato)'가 되어 있다고 해도 과언은 아닐 것이다.('바소오스티나토'는 한국어로는 고집저음(固執低音), 일본어로는 집요저음(執拗低音)이라고 번역되는 음악용어로서, 상성(上聲)은 변해가지만 베이스만은 같은 악구(樂句)가 반복되는 것을 가리킨다. 일본의 정치학자이자 사상사가인 마루야마 마사오(丸山眞男)가 일본 사상사의 특징을 논하기 위해서 이 용어를 사용한다.[7]) 즉 아쿠타가와의 동시대인들과 그의 후예들에게 있어서 기독교에 대한 물음은 일본의 사상적 전통과 서구의 기독교 신앙 내지는 사상 사이의 관계에 대한 물음을 근본으로 하면서 제기되었던 것이다.

그 물음은 예수(Jesus)와 일본(Japan)이라는 '두 개의 J'를 관련시키면서 기독교 사상을 수용하였던 메이지 시대의 기독교 사상가 우치무라 간조(內村鑑三, 1861~1930)에서 시작하여, 자신의 몸에 맞지 않는 서구의 기독교라는 양복을 자신의 몸에 맞는 옷으로 변형시키는 것을 평생의 주제로 삼았던 엔도 슈사쿠에 이르기까지 변함없이 일본 기독교사를 흐르는 '바소오스티나토'였다. 엔도는 소설가로서의 평생의 주제에 대해서 다음과 같이 고백하고 있는데, 여기서 우리는 아쿠타가와나 우치무라를 사로잡았던 '나의 그리스도'라는 주제가 반복되는 것을 어렵지 않게 발견할 수 있다.

나는 소년 시대에 어머니의 말을 듣고서 세례를 받았다. 이른바 나에게 있어서 기독교는 성장기와 함께 어머니로부터 입혀진 양복(洋服)인 셈이었다.(이에 대해서 오늘날 나는 오히려 어머니에게 감사드린다.) 그러나 청년 시대부터 이 양복이 나의 키에는 맞지 않아서 힘들었다. 나의 몸에 이 양복은 양복이었지 일본 옷〔和服〕은 아니었다. 혹은 소매는 길고, 바지는 짧은 경우도 있었다. 몇 번이고 나는 이 양복을 벗어버리려 하였다. 그리고 나의 키에 맞는 옷을 입고자 하였다. 그럼에도 불구하고 나는 이 옷을 벗어버릴 수 없었다. 벗어버릴 수 없었던 이유는, 달리 입을 옷이 내게는 없었기 때문이었다. 또 한 가지는 어머니에 대한 애정과 어머니가 입혀주신 기독교가 가진 힘이었다.[8]

엔도가 품었던 위와 같은 갈등이 그로 하여금 어머니가 입혀준 양복을 일본인인 자신의 몸에 맞는 일본 옷으로 바꾸려는 시도의 출발점이자 원동력이 되었음은 물론이다.

엔도와 함께 프랑스 유학을 떠났던 이노우에 요지(井上洋治) 신부는 여러 저서와 활동을 통해서 '문화 속에서의 복음의 개화'(福音の文化内開花)를 추구하고 있다. 그가 신학적으로 지향하는 바는 자신이 건립한 '바람(프뉴마)의 집'(風の家)의 설립 취지문 속에 잘 드러나 있다. 아래에 인용한 이노우에의 글에서 우리들은 아쿠타가와로부터 엔도, 우치무라로부터 이노우에에 이르기까지 일본의 기독교 문학과 신학을 흐르는 변함없는 고집저음으로서의 '나의 그리스도'에 대한 추구를 발견할 수 있다.

유럽의 예술 작품에서 볼 수 있는 예수의 얼굴에는 각 시대 사람들의 슬픔과 희망과 소원이 담겨 있다고 듣고 있습니다. 그러나 이것은 단지 예술 작품에만 국한하지 않고, 넓게는 신앙생활도, 의식도, 구도성(求道性, spirituality)도, 신학도, 일체의 것이 그 시대의 절실한 생각이 새겨져 있는 '예수의 얼굴'이라고 할 수 있다고 생각합니다. 그런데 일본 기독교의 현상을 되돌아보면, 유감스럽게도 저희들은 유럽에서 빌려온 '예수의 얼굴' 밖에 갖고 있지 못한 것은 아닌가라는 생각이 듭니다. 그것은 저희들의 절실한 생각이 새겨진 얼굴이 아니기 때문에 일본인 마음의 금선(琴線)에 와 닿지 않는 것도 당연한 일일 것입니다. 일본인 마음의 금선에 닿는 '예수의 얼굴'을 찾아서, 한 명이라도 더 많은 사람들이 예수의 복음의 기쁨을 알았으면 하는, 그런 소원에서 이 '바람의 집'을 시작하게 되었습니다.[9]

일본의 사상적 풍토와 역광의 일본 기독교

'일본에서 태어난 나의 그리스도'라는 아쿠타가와의 주제는 근대 이후 서구의 기독교 사상을 수용하였던 일본의 지식인에게는 운명처럼 달라붙어 있는 주문(呪文)과도 같은 것이었다. 그렇다면 그들의 사상적 전통이 어떠한 것이었기에 그들은 '일본에서 태어난 나의 그리스도'를 묻지 않으면 안 된다고 느꼈던 것이었을까? 다시 말해 그들로 하여금 '일본에서 태어난 나의 그리스도'를 묻지 않으면 안 되도록 만들었던 일본의 전통은 어떠한 것이었을까? 이 물음은 '일본에서 태어난 나의 그리스도'를 추구해나가는 사람이라면 스스로 묻고 스스로 대답해야만 하는 물음이기도 하다. 왜냐하면 '일본에서 태어난 나의 그리스도'를 추구함에 있어서 문제가 되는 것은 '나의 그리스도'임과 동시에 그러한 '나의 그리스도'를 낳는 '일본'이기도 하기 때문이다.

앞서 거론하였던 엔도는 "나쓰메 소세키(夏目漱石), 나가이 가후(永井荷風), 다니자키 준이치로(谷崎潤一郎), 호리 다츠오(堀 辰雄)에 이르기까지 청년 시절에는 서구 문학의 영향 아래서 작품을 썼지만, 어떤 나이를 지나게 되면 반드시 일본적 감성의 세계로 귀향한다는 상식적 사실을 언제나 깊이 생각하게 된다"고 말하면서, 자신의 문학 세계가 이들과 상통함을 암시하고 있다. 나아가 그는 이처럼 서구 문학의 영향을 받았던 이들이 연령과 더불어 일본적 감성의 세계로 회귀하는 이유를 "언제부터인지 우리는 거기에 일본적 범신성, 범신성이라는 말이 너무 거창하다면 그 바닥을 알 수 없는 일본적 감성에 마력을 느끼며, 또 그것에 위협도 느끼기 시작한다"고 밝히고 있다. 그가 1950년 프랑스로 유학길을 떠나면서 출사표처럼 썼던 「생일 밤의 회상」이라는 에세이에서 우리는 이러한 사실을 확인할 수 있다. 일본적 범신성의 문제를 극명하게 정형화한 부분을 인용해보겠다.

일본적 감성은 범신적(汎神的) 풍토라는 전통을 모태로 하면서 태어난 것이기 때문에 범신성의 두 가지 성격을 가지고 있다. 첫째, 그것은 일체의 능동적 자세를 잃어버리고 있다. 둘째, 그것이 동경하는 바는 오직 흡수되는 일이다.[10]

훗날 엔도는 『침묵』이란 작품에서 일본의 정신 풍토를 외래의 모든 것을 흡수해버리는 '진흙밭'(泥沼)에 비유하고 있는데, 이는 그가 일본의 정신 풍토를 '일체의 능동적 자세'를 빼앗고 '오직 흡수되기만을' 동경케 하는 '범신적 풍토'로 규정한 것의 연장선상에서만 이해될 수 있다.

그러나 이러한 '일본적 감성 세계로의 귀향'은 그들이 한때 영향을 받았던 기독교 사상이나 기독교 신앙으로부터 멀어지는 일을 동반하기도 하였다. 다케다 기요코(武田淸子)가 쓴 책을 빌려서 말해본다면, '일본과 기독교'라는 주제는 기독교가 일본에 '토착'화되는 계기가 되었음과 동시에 기독교 신앙으로부터 멀어지는 '배교'(背敎)의 동기도 되었다는 말이다.[11] 엔도가 말하고 있듯이, '일본적 감성의 세계'는 주체적이고 능동적인 자세가 지양되어 그 감성의 세계에 흡수되려는 경향을 짙게 배태(胚胎)하고 있는 것이다. 이러한 세계에서 엄격한 신앙적·윤리적 주체성을 요구하는 기독교의 (특히 당시 일본에 전해졌던 프로테스탄티즘의) 신앙 논리는 초기 기독교에 헌신하였던 많은 문학 엘리트들에게 있어서는 자신들의 정신적 고향인 일본적 감성의 논리와 '양립불가능'한 일이었다.

예를 들어 마사무네 하쿠초(正宗白鳥)의 경우를 보자. 일본 자연주의 문학의 개척자로 평가받는 그는 1896년(메이지 29년) 도쿄 전문학교(훗날의 와세다대학)에 입학하여 우치무라 간조와 우에무라 마사히사(植村正久)의 영향을 받아 기독교 세례를 받았다. 하쿠초는 1962년에 세상을 떠났는데, 장례는 본인의 뜻에 따라 당시 YWCA 회장이었던 우에무라 다마키(植村環)에 의해서 도쿄 신주쿠의 카시와기(柏木)

교회에서 치러졌다. 우에무라 다마키는 다름 아닌 하쿠초에게 세례를 주었던 우에무라 마사히사의 딸이었다.

이러한 객관적인 사실만을 본다면 하쿠초는 기독교 신앙 속에서 일생을 지냈던 것처럼 보이지만, 하쿠초와 기독교의 관계는 '양면가치적인'(ambivalent) 면이 있음을 부정할 수 없다.[12] 하쿠초는 만년에 '죽음에 대한 공포'로 인하여 기독교로 돌아오기는 하였지만, 그가 진리로 인도한다고 믿었던 "회의적인 우상파괴주의"는 하쿠초와 기독교 사이에 큰 거리를 만들어놓았던 것이다. 이 점에서 하쿠초는 "대다수의 일본인과 공통의 자세"를 지니고 있다고 할 수 있는데, 그 "공통의 자세"란 "매일의 생활에 대한 극히 실제적인 태도, 추상적 관념에 대한 뿌리 깊은 회의주의, 일상적인 현실을 뛰어넘는 여하한 절대의 가치에도 붙잡히기 싫어하는 기분"[13]을 가리킨다. 가루이자와(輕井澤)에 있는 그의 문학비에는 「장미」(はなそうび)라는 제목 아래에 다음과 같은 시문이 쓰여 있는데, 이 글에서 우리가 느끼는 것은 기독교를 받아들인 하쿠초의 내면을 흐르고 있는 일본적 전통으로서의 불교적 무상관이다.

장미의 생명은 몇 년이나 될까
시간이 흘러간 후 찾아와 보니
꽃은 간 곳 없고
남아 있는 것은 오직 가시뿐[14]

이러한 불교적 현실관이 일본인의 기본 정서가 되어 있음은 1968년에 『설국』(雪國)으로 노벨문학상을 받았던 가와바타 야스나리(川端康成, 1899~1972)의 기념 강연에서도 잘 드러난다. 〈아름다운 일본의 나〉(美しい日本の私)라는 제목이 붙은 이 강연에서 가와바타는 도겐(道元), 묘에(明惠), 사이교(西行), 료칸(良寬) 등 옛 일본 선사(禪師)들의 와카(和歌)를 "조용하고도 아름다운 일본인 마음의 노래"로 인용하면서 자신의 문학관을 담백하게 그려냈다.[15] 그렇게 만년의 그가 당도하였던 문학 세계는 '언외'(言外)의 세계였다. 『유마경』(維摩經)의 용어를 빌려서 표현한다면, 일체의 모든 것을 담아내면서도 분별적 언어의 경계를 끊는 '우레와 같은 침묵'〔默如雷〕의 세계였던 것이다.[16]

가와바타의 문학이 선불교적 깨달음의 세계와 상통한다는 사실은 〈아름다운 일본의 나〉의 다음과 같은 구절에서도 명백히 드러난다.

선종(禪宗)에 우상 숭배라는 것은 없습니다. 선사(禪寺)에도 불상은 있지만 수행의 장, 좌선하고 사색하는 방에는 불상(仏像)과 불화(仏畵)는 없으며, 경문(經文)도 없습니다. 깨인 눈을 가지고 오랜 시간 무언(無言), 부동(不動)인 채 앉아 있는 것입니다. 그래서 무념무상의 경지에 들어가는 것이지요. '나'를 없애고 '무'(無)가 되는 것입니다. 이 '무'(無)는 서양풍의 허무(虛無)가 아니라 오히려 그 반대로서 만유(万有)가 자재롭게 통하는 공(空), 무애무변(無涯無邊), 무진장(無盡藏)의 마음의 우주를 의미합니다. (중략) 그리하여 논리보다는 직관이라고 할 수 있습니다. 타력으로부터의 구원이라기보다는 안에서 눈을 뜨는 것입니다. 진리는 '불립문자'(不立文字)이고 '언외'(言外)에 있는 것입니다."[17]

'우상 숭배'에 대한 철저한 거부는 서구의 전통에서 본다면 극히 기독교적인 모티브를 지닌 것으로 볼 수 있겠으나, 가와바타와 하쿠초의 경우는 그것이 자연주의적 현실주의에 근거해 있다는 점에서 큰 차이가 있다고 하겠다. 이러한 사실은 가와바타가 기념 강연 말미에 자신의 문학을 규정하는 대목에서 잘 드러난다.

나의 작품을 허무라고 말하는 비평가가 있습니다만, 서양 부류의 니힐리즘이라는 말은 결코 해당되지 않습니다. 마음의 근본이 다르다고 생각하기 때문입니다. 도겐의 사계절의 노래도 「본래의 면목」(本來の面目)이라는 제목이 붙어 있습니다만, 사계절의 아름다움을 노래하면서 사실은 강하게 선(禪)에 통하고 있는 것입니다.[18]

다음의 글은 이상과 같은 맥락에서 하쿠초를 포함한 일본의 문학자들이 기독교와 만나고 헤어진 사정을 비교적 상세하게 보고하고 있다고 여겨지기에 인용해보기로 하겠다.

19세기 말부터 20세기 초에 이르기까지 꽤 많은 작가들이 (하쿠초와) 동일한 기독교와의 만남을 경험하였다. 하쿠초는 18세에 세례를 받았으나 4~5년 후에는 교회로부터 멀어졌다. 메이지 초기 '낭만주의' 기수(旗手)의 한 사람이었던 기타무라 도코쿠(北村透谷)는 1882년 20세의 나이에 세례를 받았지만, 6년 후에 자살하였다. 구니키다 돗포(國木田獨步)는 20세에 세례를 받은 지 5~6년 후에 교회를 떠났다. '자연주의 리얼리즘'에 속하는 다른 두 사람의 작가, 시마자키 도손(島崎藤村)과 이와노 호메이(岩野泡鳴)는 각각 15세와 16세에 세례를 받았지만, 그들이 교회에 머물렀던 것은 5년에 불과했다. 몇몇 저명한 작가들이 기독교인이었던 기간은 이보다 길었다. 도쿠토미 로카(德富盧花, 17세에 세례를 받음), 기노시타 나오에(木下尙江, 23세에 세례를 받음), 아리시마 다케오(有島武郞, 22세에 세례를 받음)가 그들이다. 1882년부터 1900년 사이에 훗날 문학자로서 이름을 떨치게 된 이 8명의 청년이 프로테스탄트 교인이 되었다. 이 8명 가운데 하쿠초를 포함한 5명이 4년에서 6년 사이에 교회로부터 멀어졌다.[19]

19세기 말 프로테스탄티즘은 우치무라와 같은 열정적인 종교가들의 활동에 힘입어 인텔리 청년들의 마음을 사로잡았다. 기독교가 테크놀로지로 상징되는 서구 문화의 상징으로 받아들여졌다는 점도 신진기예의 청년들이 기독교를 받아들이게 된 하나의 중요한 계기였다. 나아가 개체성을 강조하는 프로테스탄티즘은 일본의 청년들에게 숨막힐 듯한 집단의 속박으로부터 벗어나, 신을 통해서 궁극적인 것과의 직접적인 관계를 경험하는 길을 제시하였던 것이다. 그러나 처음에 기독교를 통해서 받아들였던 이러한 신선한 에너지, 즉 기독교적 신관이나 세계관이 발산하는 에너지가 점차 자신들을 억누르는 무거운 짐과 권위로 느껴지게 되었을 때, 그들은 교회로부터 멀어졌다.

하쿠초가 기독교로부터 구하였던 것은 "심판 없는 용서, (중략) 전면적인 수용과 의지(依支)"였다. 그러나 "기독교가 이러한 전면적인 지지의 감각을 주지 못하였을 뿐만 아니라, 자신의 창조력과 결합된 감수성을 제한해버린다고 느낀 순간 하쿠초는 교회를 떠났다."[20] 곧잘 지적되듯이, 메이지 시대에 미국을 경유해서 일본에 전해진 프로테스탄티즘이 지녔던 준열한 윤리관과 문자주의적 성서 이해는 이들 문학 엘리트들이 기독교와 거리를 느끼게 되었던 또 하나의 이유가 되었던 것이다.

전후 일본을 대표하는 양심적 지식인으로 존경을 받아온 평론가로서 2008년 12월 5일 89세로 작고한 가토 슈이치(加藤周一)는 서구에서 전래된 기독교 신앙과 하쿠초 사이의 갈등 관계를 다음과 같이 정리하고 있는데, 이는 일본과 기독교라고 하는 보다 포괄적인 주제에 대한 개론적 설명으로 읽힐 수도 있다는 점에서 대단히 시사적이다.

기독교에 대한 하쿠초의 글을 읽을 때 내가 강하게 느끼는 것은 그가 몇 번이나 반복해서 똑같은 두 가지 말을 사용한다는 사실이다. 인생에 있어서 '현실'과 '진리'와 대비되는 비현실적인 것을 의미하는 '공상'(空想)과 꿈이 그것이다. (중략) 그렇다면 하쿠초에게 그렇게도 중요성과 압도적인 힘을 가지고 있었던 비현실이란 무엇인가? 그것은 사람은 궁극적으로는 구원된다는 사실, 즉 스스로의 힘에 의해서가 아니라 어머니이든지, 그리스도이든지, 아미타불이든지, 자연 내지는 신의 지배에 의한 궁극의 세계 질서에 의해서든지 간에, 인간은 자비에 넘치는 힘에 의해서 모든 죄를 용서받는다는 사실이다. 이러한 낙관주의는 『신곡』(神曲)에 나타난 단테의 '희망'이나, 신란(親鸞)의 "선인(善人)도 왕생한다. 하물며 악인이랴"라는 말과도 통하는 것이다. 모든 것을 포용하는 용서라는 관념은 이들의 경우에 현저히 드러난다. 하쿠초가 기독교 안에서 믿었던 게 반드시 기독교 특유의 것은 아니었다. 다른 말로 한다면 결정적인 의미를 가지고 있었던 것은 기독교가 아니라 기독교에도, 또 다른 종교에도 있는 공통의 것이었다. (중략) 하쿠초는 이어서 모든 것은 그의 내면에 있어서 일본 전통과 외래문화 사이의 균형에 의한다고 쓰고 있다. 분명히 문제점은 그리스도와 부처 양자택일의 선택이 아니라 그 둘 모두를 그가 필요로 한다는 사실이었다. 하쿠초가 기독교를 변화시켰던 것과는 달리, 기독교는 하쿠초를 변화시키지 못했다고 말할 수 있을지도 모른다. 내가 생각하기에 이것은 일본에 있어서 불교의 역사와도 잘 대응한다고 여겨진다. 그러니까 피안의 신앙 체계로서의 불교는 일본인의 차안적 심성을 변화시키지는 못했다. 반대로 일본인은 불교를 일본화하는 과정 속에서 불교를 차안적인 것으로 만들어버렸다. 하쿠초는 기독교를 일본화한 뒤에야 비로소 그것을 받아들였다. 이런 의미에서 그는 일본 문화에 공통된 형태를 대표한다.[21]

앞으로 우리는 '일본 문화에 공통된 형태'를 노정하는 하쿠초의 후예들이 '일본에서 태어난 나의 그리스도'를 어떻게 조형하였으며, 이를 통해서 서구로부터 전래된 기독교를 어떻게 '변형시켰는가'에 대해서 살펴보고자 한다. '변형'에 대해서 관심을 가지는 것은 그러한 '변형'의 이전을 알기 위함이 아니라, 그러한 변형이 또다시 어떻게 변형될 수 있는가를 생각하기 위함이다.

엔도 슈사쿠와
'물'의 성사(聖事)

"물과 성령으로 새로 나지 않으면……"

_ 요한복음 3:5

"물과 성령으로 새로 나지 않으면……"

_ 요한복음 3:5

거리감의 자각

가톨릭 소설가 엔도 슈사쿠에 대해서 팽대(膨大)한 연구서를 남긴 평론가 다케다 도모쥬(武田友壽)는 "엔도의 단편 소설들을 발표된 순서로 읽어나간다면 그의 작가로서의 궤적과 그 성숙 과정을 볼 수 있다"고 보면서, 엔도의 "단편 소설들은 그의 작가적 궤적을 나타내는 작품이고, 성숙의 증좌(證左)이며, 그것만으로도 엔도 문학의 보다 깊은 세계를 보여주고 있다"라고 평한 적이 있다. 즉 엔도의 단편 소설들은 그의 대표작으로 꼽히는 몇몇 장편 소설에 이르는 징검다리와 같은 역할을 하기에, 그의 단편 소설들을 일직선상에 나열해서 읽음으로써 우리는 엔도의 '내부 세계의 소식'을 형상화할 수 있다는 의미이다. 이런 점에서 다케다는 엔도의 문학을 '혼(魂)의 지성소(至聖所)'라고 명명하고 있다.[1] 나아가 다케다는 "엔도가 그 작품에서 진지하고 깊이 있게 형상화하고 있는 엔도 자신의 정신상의 문제를 통해서 나 자신 안의 무언가를 각성하게 되었다"는 것이야말로 엔도 문학

과의 만남이 주는 선물이라고 적고 있다.[2]

이러한 다케다의 평가는 반드시 엔도의 단편 소설에만 국한된 이야기는 아닐 것이다. 사실 엔도의 작품은 자신의 신앙 역정을 고백풍으로 언어화하는 경향이 있다. 물론 이때 그의 작품이 기독교 신앙을 직설적으로 언어화하는 이른바 호교론(護敎論)적인 색채를 지닌다는 말은 결코 아니다. 그렇더라도 엔도의 작품 전체를 단편과 장편을 구분하지 않고 읽다보면 우리 자신의 무의식 속에서 진행되는 혼의 여정, 즉 아시아에서 기독교 신앙을 수용하고 조형해나가는 과정을 추체험하고 형상화할 수 있을 것이다.

엔도 슈사쿠는 도쿄 수가모(巢鴨)에서 은행원의 둘째 아들로 태어났다. 아버지 츠네히사(常久)는 도쿄대학 출신의 엘리트였고, 어머니 이쿠(郁)도 도쿄 음악학교에서 바이올린을 전공한 재원(才媛)이었다. 네 살 무렵 아버지의 전근으로 만주 다롄(大連)으로 가족이 이사하였으나, 부모의 이혼으로 말미암아 열 살이던 엔도는 어머니를 따라 이모가 살고 있던 고베(神戶)로 돌아왔다. 그런데 그 이모가 가톨릭 신자였던 것이 인연이 되어 어머니와 함께 교회에 나가게 되었다. 1935년 5월 어머니가 세례를 받았고, 그로부터 한 달 뒤 엔도는 두 살 위의 형과 함께 세례를 받았다. 세례명은 바울이었다.

엔도는 1941년 가톨릭 수도회인 예수회가 설립한 조치대학(上智大學) 예과(豫科)에 입학하여 1년간 수학하였고, 동인지인 『조치』(上智)에 「형이상적 신, 종교적 신」(形而上的神, 宗敎的神)이라는 글을 싣기도 하였다. 하지만 그는 다음 해에 조치대학을 자퇴하고 1943년에 게이오기주쿠대학(慶應義塾大學) 문학부 예과에 들어간다. 불문과에 진학한 엔도는 프랑수아 모리아크나 조르쥬 베르나노스 등 프랑스의 현대 가톨릭 문학을 탐독하기 시작하였다. 그리고 학생 기숙사 사감이었던 가톨릭 철학자 요시미치 요시히코(吉滿義彦)의 훈도를 받으면서 마리탱과 릴케 등을 읽었던 것은 소설가로 성장하는 엔도의 인생에 있어서 결정적인 영향을 미치게 되었다.

평론 「호리 다츠오론 각서」(堀辰雄論覺書)(1948)에서 엔도는 죽음 앞에서의 아름다운 패배와 고요한 체념을 통해 존재의 고향으로의 회귀를 말하는 하이데거의 실존 철학에 매료되면서 존재의 근원 상실이야말로 '근대의 비극' 이라고 보았다. 그러나 동시에 엔도는 '존재의 회복' 을 통해서 이루어지는 '근대의 초극' 이 도대체 일본적 범신성과는 무슨 관계가 있는지를 묻지 않을 수 없었다. 다시 말해 비록 엔도는 하이데거적인 죽음에의 청종(廳從)에서 일본적 수동성〔受身性〕과 상통하는 길을 보았지만, 이러한 실존적인 길을 통해 다시금 초월자로서의 신을 만남으로써 근대적 자아의 소외가 극복된다는 진단에는 만족할 수 없었던 것이다. 왜냐하면 신을 다시 발견한다는 것이 도대체 일본에서는 무슨 의미가 있으며, 그것은 어떻게 가능한가 하는 보다 근본적인 물음이 먼저 대답되지 않으면 안 되기 때문이었다.[3]

이러한 문제의식은 「호리 다츠오론 각서」보다 앞서 1947년에 발표되었던 「가톨릭 작가의 문제」(カトリック作家の問題)와 「신들과 신」(神々と神と)에도 가감 없이 드러난다. 자연 속에 자신을 몰입시키고 죽음과도 화해하는 '일본적 감성' 경향을 호리 다츠오의 작품에서 읽어냈던 엔도에게 '동' 과 '서' 의 '거리감' 에 대한 첨예한 의식이 이미 자리 잡고 있었던 것이다. 모든 것을 수동적으로 수용해서 신에도, 죄

에도, 죽음에 대해서도 무자각적으로 흐릿하고 덤덤하게 반응하는 일본적 감성 속에 기독교의 신이 존재할 여지는 없기 때문이었다. 엔도가 프랑스로 유학을 떠나기 직전에 쓴 「생일 밤의 회상」이라는 에세이는 엔도가 일본적 범신성을 인간과 우주, 인간과 신 사이의 거리를 원천적 부재(不在)로 파악한다는 점을 보여주는 귀중한 글이다.

'수동성'과 '흡수되는 것'을 특징으로 하는 일본적―아시아적―범신성은 전체로서의 신과 개체로서의 인간을 대립시키면서 '존재의 질서'를 강조하는 '일신성'과는 다른 정신세계이다. 바로 그렇기 때문에 범신성이라고 하는 풍토에서 태어나 자라난 사람은 자연에 대한 여하한 투쟁, 여하한 거리감도 거치지 않은 채 자연 혹은 신들과 우주와도 융합할 수 있는 것이다.

원래 전체는 개체의 연장이라는 나태한 범신성에서 자라났다고 할 수 있는 일본적 감성은 일체의 분명한 대비와 구분을 싫어한다. 대비와 차이, 구별의 검증이 있는 곳에서는 저절로 거리가 생기며, 거리는 저항을 낳고, 거기에서부터 논리와 운동이 생겨나지 않을 수 없는 것이다. 인간과 자연 사이의 존재론적 차별을 설정하지 않으며, 신들 속에서도 인간성을 부연하고자 하듯이, 외계와 자기와의 경계선을 모두 희미하게 만들어버리고 움직임을 무엇보다도 두려워하는 일본적 감성은 밝음을 싫어하는 것이다. 밝은 빛 아래, 바로 거기에서는 빛과 그림자가 대비되기 때문이다. 일본적 감성이 좋아하는 것은 모든 것이 희미하게 혹은 회색으로 아물거리는 봄비나 한 차례 비 온 후의 습윤(濕潤)한 풍경인 것이다.

그러므로 부분과 전체, 신과 인간, 인간과 자연 사이에 일체의 대립과 '거리'를 감지하지 않는 '일본적 감성'에 대한 자각은 엔도로 하여금 존재의 고향인 신으로의 회귀로 근대적 주체로서의 인간의 소외가 극복된다고 하는 서구적 진단에 대해 '거리감'을 지니도록 만들었던 것이다. 그 결과 아무리 서구 문학을 수용한다고 하더라도 "우리는 외국 문학으로부터 무엇을 섭취하든, 우리가 거의 숙명적으로 짊어지고 있는 범신적 혈액을 언제나 의식하고 있지 않으면 안 된다"고 엔도는 다짐하듯이 새겨놓았던 것이다.

엔도가 평론가로 막 출발하려던 시점에서 썼던 이 문학적 크레도(credo)는 엔도의 작품 전체의 운명을 예감하는 예언이 되고 말았다. '죄에도, 죽음에도 무감동한' 일본적 심성은 궁극적으로 '무에서 자신을 소멸'시키는 존재 방식이다. 그래서 '운명에 대한 순종이야말로 가장 좋은 삶의 방식'이라고 여기는 일본적 존재 양태는 기독교적 실재 이해와는 철저히 이질적인 것으로 각인되었다.[4] 엔도가 젊은 날 남겼던 일기에서도 이러한 사실을 읽을 수 있다.

기독교가 범했던 죄 가운데 하나는 절대를 하나의 질서로 만들어버렸다는 것이다. 절대라고 하는 것은 그러한 질서가 아니다. 그것은 혼돈이고 무질서다. 기독교의 힘이 쇠진해져버린 오늘날 사람들이 사회적으로는 질서를 구하면서도 내부적으로는 어두운 세계에 들어가는 것은 분명 거기에 이유가 있기 때문이다.(「봄-일기로부터」(春-日記から)

동일한 맥락에서 엔도는 자신을 평론가로 첫발을 내딛게 만들어주었던 데뷔작 「신들과 신」의 처음과 끝을 이렇게 장식하고 있다.

나는 지금 가톨릭 문학을 읽을 때 가장 중요한 일의 하나는 이들 이질적인 작품이 우리에게 당연히 가져다주는 '거리감'을 결코 경원시하지 않는 일, 오히려 그와는 반대로 그것을 의식하고 그것에 저항하는 일에서부터 시작해야 한다고 쓰는 바이다.

이 거리감은 우리가 본능적으로 가지고 있는 범신적 혈액을 끝없이 가톨릭 문학의 일신적 혈액에 반항시키고, 싸움을 하게 한다고 말하는 의미인 것이다.

이처럼 가톨릭 작가로서의 엔도에게 있어서 글쓰기의 출발점이 되었던 것은 서양으로부터 수용한 기독교와 일본이라고 하는 정신 풍토 사이에 놓여 있는 '거리감'을 어떻게 극복할 것인가 하는 문제였다. 이러한 '거리감'의 자각이 엔도 문학에서 하나의 '원점'이 되었음과 동시에 그러한 '거리감'을 어떻게 극복할 것인가 하는 문제가 일본 기독교 작가로서의 엔도가 껴안았던 평생의 과제였다. 그리고 이러한 과제를 수행해나가는 과정에서 엔도의 '나의 그리스도' (아쿠타가와)는 조형되었던 것이다.

엔도 문학의 원풍경

그런데 여기서 흥미로운 사실은 '서구의 기독교'와 '일본의 정신적 풍토'를 날카롭게 대립시켰던 엔도에게 있어서 이러한 대립의 양항(兩項)이 '물'이라고 하는 상징을 매개로 어우러진다는 점이다. 엔도에게 있어서 '물'은 자신에게 흘러들어온 모든 것을 끝없이 삼키는 일본적 범신성의 다른 이름이다. 그렇다고 한다면 '물'을 통해서 기독교와 일본이 만난다는 사실은 서구 기독교가 일본의 정신성이라는 '물'속에 녹아든다는 사실과 동시에 일본이라는 풍토에 들어온 서구의 기독교 역시 어느 샌가 '물'로 변모된다는 것이다.

엔도의 작품에 자주 등장하는 장맛비〔梅雨〕나 안개비〔霧雨〕도 이러한 맥락에서 이해할 수 있다. 이들은 서구적인 대립성의 세계와 달리 모든 것을 안으로 흡수하여 흐릿하게 만들어버리는 동양적 습윤성의 표현으로 바로 엔도의 작품 세계가 만들어내는 원풍경(原風景)이라고 할 수 있다. 액체성의 '물'은 일체의 '대립'과 '대비'를 거부하는 일본적 범신성, 즉 "모든 것이 희미하게 혹은 회색으로 아물거리는 봄비나 한 차례 비 온 후의 습윤한 풍경"으로 나타나는 것이다. 따라서 "봄비나 한 차례 비 온 후의 습윤한 풍경"이 그려내는 '범신적인 미학'(「전통과 종교」(傳統と宗敎))은 엔도의 문학 세계 전체를 규정하는 근원적인 풍경이 되었다.

예를 들어 '비'〔雨〕는 성과 속, 그리스도와 사람을 연결하는 매개로 작용하는데, 이러한 사실은 엔도의 이른바 '순문학'(純文學)과 '경문학'(輕文學)을 구분하지 않고 관통하고 있다. 가톨릭 소설가로서의 엔

도에게 있어서 순문학이란 서구의 기독교를 일본적 감성을 바탕으로 수용하고자 한 문학적 시도이고, 경문학이란 그러한 모티브를 대중적인 모티브를 통해서 표출하고자 한 시도다. 예를 들어 1964년에 출간된 『내가 버린 여자』(私が·棄てた·女)는 '미츠'(ミツ)라는 여성이 한 남성에게 이용되고 버림을 받지만 그녀는 그 사랑을 버리지 않았다고 하는 이른바 대중적인 소재를 다루고 있다.

그러나 이를 통해서 사실 엔도가 말하고자 하는 바는 우리에게 버림을 받는 그리스도는 자신을 버리는 우리를 결코 버리시지 않는다고 하는 신앙상의 주제이다. 엔도 스스로도 밝히고 있는 것처럼, "'내가 버린 여자'는 '내가 버린 그리스도'이다."(버림을 받는 여인의 이름이 '미츠'라는 것도 이러한 사실을 뒷받침해준다. '미츠'를 거꾸로 읽은 '츠미'는 일본어로 죄(罪)를 의미한다. 다시 말해 버림을 받는 여인, 즉 그리스도는 버리는 행위를 하는 사람에게 자신의 '죄'를 비추어서 자각시켜주는 거울과 같다는 것이다. 그리고 죄가 자각되는 곳에서 구원은 이미 시작된다.) 순문학과 경문학은 이러한 점에서 역시 서로를 비쳐주는 거울과 같은 관계에 있는데, '비'는 양자 모두에게 앞서 말했던 것과 같은 매개 작용을 한다. 『침묵』과 『슬픔의 노래』의 두 구절을 대조해보면 이러한 사실을 알 수 있다.

밤, 비는 조용히 내리기 시작하였다. 비는 오두막 뒤편에 있는 잡목림(雜木林)에 내리면서 모래 같은 소리를 내고 있었다. 사제는 딱딱한 책상에 이마를 대고 이 빗소리를 들으면서 자신과 마찬가지로 재판을 받았던 날의 그분을 생각하였다. 바싹 마른 그분이 여기저기 긁힌 얼굴을 굳게

한 채, 사람들에게 쫓기면서 예루살렘의 언덕을 내려갔던 것은 4월 7일의 아침이었다.(『침묵』)

중년의 남자는 소설가였다. 본래부터 사람을 좋아하였기에 그는 소설을 쓰기 시작하였고, 오랜 세월이 지나는 동안 사람과 사람 사이에서 나는 냄새를 점점 더 좋아하게 되었다. 그리고 이렇게 비가 오는 날, 그 비와 오수(汚水)와 취객의 진흙 묻은 구두에 더러워진 골드 가街의 한 모퉁이에서 술을 마시노라면, 그의 마음속에는 술집 마스터가 이야기하였던 도둑도 사랑해야만 할 사람의 하나라는 말이 가득 채워졌다.(『슬픔의 노래』(悲しみの歌))

'물'이 만들어내는 원풍경이 엔도 작품의 전체 밑그림이 되어 있다면, 그 원풍경은 우리들이 그의 작품을 시간적 계기를 축으로 읽어나갈 때 언제나 듣게 되는 '바소오스티나토'라고 할 수 있다. 다음 글에서는 이 기본음이 엔도의 대표작들을 통해서 어떻게 표출되는가를 살펴보겠다.

'물'의 성사(聖事)

'물'이 가장 직접적으로 드러나는 작품은 물론 『깊은 강』이다. 『깊은 강』은 집필 시기나 작품의 내용으로 볼 때 '혼의 지성소'로서의 그의 작품이 도달한 결정체라고 할 수 있다. 그런데 이 작품에 나오는 작중 인물들의 이름 속에는 '물'과 관련된 이름들이 다수 등장하는 것이 우선 흥미롭다. 주인공 오츠(大津)를 비롯하여 오츠의 주위를 맴도는 여인 미츠코(美津子), 죽은 아내의 재생을 쫓는 이소베(磯辺), 2차 세계대전 중 전사한 동료들의 넋을 위로하기 위해 인도까지 온 누마타(沼田) 등의 이름 모두 '물'과 관련되어 있는 것이다.[5]

엔도 자신이 말하고 있듯이, 『깊은 강』의 배경이 되는 인도 여행이 "자신의 무의식 속에서의 여행"[6]이었다고 한다면, 위의 작중 인물들의 이름이 '물'과 지니는 연관성은 이른바 작자의 무의식적인 차원에서 일어나는 어떤 것을 반영하고 있다고 추론해도 무방할 것이다.

이러한 사실은 훨씬 이전부터 엔도가 『깊은 강』에 관심을 가지고 있었다는 것에서도 추론된다. 엔도는 이미 1972년 《군조》(群像)에 발표한 「갠지스 강과 유다의 황야」(ガンジス河とユダの荒野)라고 하는 수필에서 '만물의 근원'으로서의 갠지스 강에 대한 관심을 표출하고 있다.

사람이 죽기 위해서 가는 마을. 그곳이 인도의 베나레스다. (중략) 힌두교도는 이 성스러운 마을에 죽기 위해서 온다. 그리고 그들이 죽었을 때, 그 시체는 마을 곁을 흐르는 만물의 근원인 갠지스 강가에서 불에 타고 그 재는 강에 흘러간다. 나는 힌두교도는 아니다. 난해하고 심원한 그 교의의 내용도 전혀 알지 못한다. 그럼에도 불구하고 나의 몸속 어딘가에는 만물의 근원인 갠지스 강과 베나레스의 마을을 보고 싶은 욕망이 있다. 내가 베나레스에 간 이유 중 하나는 그 욕망의 이유를 찾고 싶기 때문이기도 하였다.

나아가 엔도 문학에 있어서 커다란 분기점으로 평가되는 『바다와 독약』(海と毒藥)에도 역시 액체성의 제목이 붙어 있다. 이 작품은 2차 세계대전 중 규슈대학(九州大學)에서 실제로 있었던 일, 즉 미군 포로의 생체 해부 실험을 다루고 있다. 이 작품에서 '바다'란 생체 해부를 자행하고도 아무런 죄의식을 느끼지 못하는 '신 없는 일본인의 정신 풍토'를 의미하는 메타포임과 동시에 일신적인 종교와는 다른 범신적 종교의 구원 논리를 상징하기도 한다. '바다'는 '독'을 끝없이 희석해서 무화(無化)시켜버리기 때문이다. 다음과 같은 히로이시의 해석을 보면 앞서 인용하였던 엔도 자신의 목소리가 들려온다.

그 조용한 바다가 상징하고 있는 것은 범신적인 일본이라는 풍토가 아닐까. 모든 것을 정화한다고 생각되는 바다야말로 자연 속에 넣어 용해하고자 하는 일본인의 정신 풍토를 상징하는 바에 상응하는 것이다. (중략) 그것은 바로 자연과 순응하여 신들의 세계에 안주하고, 초월적인 것을 지향하려 하지 않는 일본인의 삶의 방식을 상징하고 있다고 여겨진다. 또 독약이라는 말이 상징하고 있는 것은 악 그 자체다. 그것은 '그만두려고 한다면 그만두라'고 했지만 생체 해부에 응하고 말았던 신 없는 일본인의 정신 풍토를 상징하고 있는 것이다. 그러므로 바다는 언제든지 독약을 자신 안으로 집어넣어 용해시켜버린다.[7]

그리고 엔도 문학의 정점이라고 할 수 있는 『침묵』 속에서도 엔도는 일본을 '진흙밭'에 비유하고 있다. 후미에를 밟음으로써 배교한 신부에게 "신부는 (중략) 이 일본이라고 하는 진흙밭에 패한 것이요"라는 이노우에의 표현대로 '진흙밭'이란, 일본이라는 풍토 속에서 기독교가 다시 태어나기 위해 통과하지 않으면 안 될 좁은 문이었다.

이렇게 '봄비'로부터 '바다'를 거쳐 '진흙밭'에 이르기까지 엔도의 혼의 여정은 마침내 「갠지스 강과 유다의 황야」에 나오는 표현대로 "어머니 되시는 분의 이미지를 의탁한 강"으로서의 '깊은 강'에 이르게 되었던 것이다. 그리고 이러한 과정을 거치면서 엔도가 희구해온 '어머니 되시는 분'으로서의 신의 모습이 조형되기에 이르렀다.

앞에서도 거론하였던 것처럼, 엔도의 작품과 그 작품에 등장하는 인물들이 대체로 그의 "내부 세계의 소식을 형상화하고 있다"는 다케다의 지적을 염두에 둔다면, 『깊은 강』에 등장하는 인물들에게 '물'과 관련된 이름이 붙어 있다는 사실은 다음과 같이 해석될 수 있을 것이다.(다케다의 지적은 사소설(私小說)로서의 엔도 작품이 지니는 특징이기도 하다.) 즉 이 작품은 엔도 자신의 실존적인 신앙과 생의 여러 단계가 '물'과 관련되어 읽히고, 결국은 보다 커다란 '물'을 의미하는 갠지스 강에 합류함으로써 아시아적 범신성을 통해 '세례'를 경험하는 작품인 것이다. "이 강에 들어오면 지금까지의 모든 죄가 흘러가버리고, 다음 세계에서는 좋은 상태로 태어날 수 있다고 힌두교도들은 믿고 있습니다"라는 말대로, '깊은 강'은 옛것이 죽고 새롭게 태어나는 '전생'(轉生)의 강, 즉 부활의 강인 것이다.

엔도가 갠지스 '강에 들어가는 것'은 가톨릭이라고 하는 서양의 종교에게서 '비자발적으로' 받았던 '물' 세례로부터 탈각해서, 아시아적 영성이라고 하는 '강'에서 다시금 세례를 받는 행위다. 엔도에게는 자신의 의지와 무관하게 처음에 받았던 '비자발적' 세례를 통해 자신의 머리에 부어진 물이 가져다준 비적(秘蹟)이 있었다. 엔도가 『무사』(侍, 한국어 번역은 『위대한 몰락』)에 나오는 비운(悲運)의 인물인 사무라의 입을 빌려서 고백하고 있듯이, "어떤 형태로든지 세례를 받는 사람에게는 그의 의지를 초월해서 비적(秘蹟)의 힘이 작용한다." 그리고 이제 엔도는 자신의 몸속을 흐르는 범신적 영성이라고 하는 강에 몸을 담금으로써 다시 한 번 태어나게 되었다. 그렇다고 한다면 갠지스 강에 몸을 담그는 자에게도 "그의 의지를 초월해서 비적의 힘이 작용한다"고 하지 않을 수 없을 것이다.

그러므로 아시아의 강에 몸을 담그는 행위는 후미에(踏繪)를 밟는 행위와 마찬가지로 "결코 형식만의 것은 아니다." 또한 아시아적 영성을 의미하는 갠지스 강도 그리스도의 은총을 받아들이기 위한 빈 '형식'만은 아니다. 『침묵』에서는 로도리코가 후미에에 발을 올리는 것을 주저하는 걸 본 통역사가 "그것은 형식만의 것이다. 형식은 어떻게 되어도 상관없는 것이 아닌가"라고 신부를 몰아세우는 장면이 있다. 그러나 로도리코가 말하고 있듯이, 그것은 "결코 형식만의 것이 아니다." 마찬가지 의미로 '깊은 강'에 몸 전체를 담그는 것은 단순히 '형식만의 것'이 아니라, 하나의 종교적 행위이고, 하나의 계시적 사건이며, 은총이 주어지는 순간이었다. 따라서 아시아의 강에 몸을 담그는 행위는 은총이 없이는 일어날 수 없는 행위이다.

그녀(미츠코)는 탁한 밀크 홍차와도 같은 물에 한 발을 적셨다. 물은 미지근하였다. 목욕을 하고 있던 덩치 큰 인도 남자는 손짓을 하며 계속해서 그녀에게 무어라고 소리치고 있었다.

"뭐라구요?" 하고 물으니, 그는 큰 소리로 대답하였다.

"들어오세요. 이 강은 기분이 좋아요."

미츠코는 고개를 끄떡이고 나서 강 속으로 한 발을 집어넣고, 다른 발도 담갔다. 죽음과도 같이, 발을 담그기 전까지는 주저주저했지만, 몸 전체를 담갔을 때, 불쾌감은 사라져버렸다.(『깊은 강』)[8]

주저주저하면서 강물에 발을 적신 후, 다른 이의 권유를 받아 역시 주저거리면서 "강 속으로 한 발을 집어넣고, 다른 발도 담갔다"는 것은 실로 엔도 자신의 신앙 역정이기도 하였다. 엔도는 '비자발적인 세례'를 받음으로써 기독교라는 '물에 한 발을 적시었다.' 그리고 그는 『침묵』을 통해 일본이라는 '진흙밭'에 '한 발을 집어넣음'으로써 서양의 기독교로부터의 일탈을 꾀하였다. 그러나 그의 나머지 한 발은 여전히 '강' 밖에 남아 있었다. 그것은 비록 기독교가 '어머니 되시는 분'으로 형상화되어 갔지만, 그 그리스도는 아시아인인 엔도의 영혼에 있어서 여전히 객체로 남아 있었다는 말이다. 그러나 이제 엔도가 갠지스 강이라는 '깊은 강'에 '다른 발도 담그고' '몸 전체를 담갔을 때', 그리스도의 몸에 마지막까지 남아 있었던 객체성은 흔적 없이 사라지고 그리스도는 엔도와 하나가 되었다. 그렇게 해서 그리스도라고 하는 존재는 그 이름마저 탈각해 무명의 존재로, '양파'로 다시 태어난 것이다.

'물'의 근원적인 귀결점인 『깊은 강』은 엔도가 태어나고 자라나 다시금 그리로 돌아가지 않을 수 없는 마음의 고향으로의 귀거래사(歸去來辭)였다. 엔도가 「어머니 되시는 분」(「母なるもの」)이라는 단편에서

희구(希求)하였다시피 그것은 서양의 기독교로부터 아시아의 기독교로 '개종'한 엔도가 돌아갈 구원(久遠)의 '어머니 되시는 분'의 품이었고, 영원한 생명이 흐르는 은혜의 강이었다.

통의 물을 다 붓고서 묘석에 설치된 화병에 국화를 꽂자 그 꽃에 조금 전 얼굴 주위를 스치던 벌레가 날아들었다. 어머니를 묻은 흙은 무사시노(武藏野) 특유의 흑토(黑土)였다. 나도 언젠가는 여기에 묻혀서 다시 소년 시대처럼 어머니와 둘이서만 살게 될 것이다.

앞에서도 말하였듯이, 엔도의 작품에서 인간은 물을 통해 생과 죽음의 영역을 왕래한다. 또 물을 통해 인간은 다른 종교와도 만나게 된다. 물은 신의 은총이 인간에게 부어지는 통로일 뿐만 아니라 인간과 인간 사이를 연결하는 통로이기도 하기 때문이다. 이는 엔도의 『깊은 강』이 다원적인 종교 이해를 노정한다는 사실과도 상통한다. 실제로 엔도는 『깊은 강』의 집필 과정에서 존 힉(John Hick)의 사상을 접하고 이에 커다란 충격을 받았다고 적고 있다. 소설가로서 엔도가 거쳐왔던 신학적 과정, 즉 이름을 가진 그리스도로부터 이름이 없는 그리스도, 아니 많은 이름을 가진 그리스도로의 전환 배경에는 종교 다원주의와의 만남이 있었던 것이다.

수일 전, 다이세이도(大盛堂) 서점 이층에서 우연히 선반 구석에 점원인지, 손님인지가 잊어버리고 놓아두었던 한 권의 책이 존 힉의 『종교 다원주의』였다. 이것은 우연이라기보다는 나의 무의식이 추구해오던 것이

이 책을 불렀다고 해야 할 것이다. (중략) 이 충격적인 책은 그저께부터 나를 압도하고 있어서 나를 찾아온 이와나미 서점의 관계자에게 힉의 다른 저서인 『신은 많은 이름을 지녔다』를 부탁했다. 나는 지금 그 책을 탐독하고 있는 중이다. (중략) 작업실에 가서 독서도 하고 글도 써보곤 했지만, 힉의 충격적인 책을 읽은 뒤부터는 무엇을 펼쳐도 재미가 없었다. 하는 수 없이 무더위 때문에 쏟아지는 땀을 무릅쓰고 다이세이도에 가보기도 했지만, 사고 싶은 마땅한 책은 한 권도 없었다.(『깊은 강 창작 일기』(深い河 創作日記)

엔도가 창작 일기에서 언급하고 있는 영국의 종교 다원주의 신학자 존 힉도 그의 자서전에서 엔도가 쓴 위의 구절을 인용하면서, 자신의 책을 일본어로 번역한 마세 히로마사(間瀬啓充)의 에피소드를 소개하고 있다.(마세 교수는 존 힉의 저서를 다수 번역하였고, 종교 다원주의를 연구하는 일본의 저명한 종교 철학자이다.) 마세에 의하면, 그는 엔도가 주관하는 '월요회'라는 모임에 나가 힉의 종교 다원주의에 대해서 강연을 하였는데 엔도는 그 강연을 골똘히 경청하였다는 것이다. 엔도 자신도 그날의 소회(所懷)를 일기에서 이렇게 쓰고 있다.

힉의 신학에 대한 이야기. 패널리스트인 마세 교수와 가도와키(門脇佳吉) 신부 사이에 예수론을 둘러싸고 벌어진 격론. 아니 격론이라기보다는 싸움. 밖은 엄청난 비. 사회자인 나는 힉의 사상과 종래의 기독론 사이에 끼인 채 어쩔 줄 몰랐다.[9]

우연이었을까? 엔도가 종교 다원주의적 그리스도론과 전통적 그리스도론 사이에서 고뇌하던 그날, 창밖에는 '엄청난 비'가 내리고 있었다. 그 '엄청난 비'는 『침묵』의 로도리코가 깊은 번민에 휩싸였던 밤, 산중에 내렸던 그 '비'일 것이며, 『슬픔의 노래』의 주인공으로 하여금 이름 모를 모든 이들을 사랑하지 않으면 안 된다는 생각을 부여해준, 도시에 내리는 '비'와도 다르지 않을 것이다. 엔도의 '나의 그리스도'는 그 비가 강을 이루어 굽이굽이 흘러가는 가운데 형상화되었다고 할 수 있을 것이다.

아리시마 다케오와
‘배교의 논리’

"나도 네 죄를 묻지 않겠다. 어서 돌아가라."

_ 요한복음 8:11

"나도 네 죄를 묻지 않겠다. 어서 돌아가라."

_ 요한복음 8:11

아리시마 다케오와
'배교'라는 문제

1923년(다이쇼 12년) 7월에 발간된《요로즈초보》(萬朝報)에는 「배교자로서의 아리시마 다케오 씨」라는, 일종의 추도문 형식이면서도 글쓴이의 격앙된 감정이 가감 없이 드러나는 글이 3회에 걸쳐서 실렸다. 필자는 저 유명한 우치무라 간조였고, 글의 내용은 자신에게 감화를 받아 기독교회에 입회하였다가 후일 교회로부터 멀어졌던 소설가 아리시마 다케오(有島武郎)를 겨냥한 것이었다. 이 글이 발표된 계기는 아리시마가 한 달여 전인 6월 7일 가루이자와(輕井澤)의 별장에서《후진코론》(婦人公論)의 여기자였던 하타노 아키코(波多野秋子)와 정사(情死)로 삶을 마감한 사건 때문이었다. 아리시마는 아내 야스코(安子)와 이미 7년 전에 사별(死別)한 상태였다.

당시 세간에 크게 보도되었던 이 사건을 우치무라는 아리시마의 "슬프고도 부끄러운 최후"라고 부르면서, 이는 결국 그의 "배교(背敎)

의 결과"이고 "신과 그리스도를 버린 결과"라고 단죄하였다. 나아가 그는 "아리시마 씨의 금번 행동이 옳았다고 생각하는 나의 친구가 있다면 차제에 나와 절교하기를 바란다"고 잘라 말했다. 우치무라는 "아리시마 군이 언제 어디서 기독교를 버리게 되었는지, 정말로 모를 일이다"라고 탄식하면서, "정직하면서도 양심의 소리에 충실한 사람"이었던 아리시마가 "서양에 갔다 온 후 예전의 그와는 전혀 다른 사람이 되었다"고 안타까움의 일단을 내비치기도 하였다. 우치무라에 의하면, "이것은 개인의 문제 또는 감정의 문제가 아니다. 신앙상의 커다란 문제다." 그가 강조해 말하는 '신앙상의 커다란 문제'란 다음과 같은 것이다.

아리시마 군에게는 커다란 고민이 있었다. 그러한 고민이 있었기에 그는 자살하였던 것이다. 그리고 그 고민은 부인 한 사람의 사랑을 얻고자 하는 고민은 아니었다. 그것은 철학자들이 말하는 코스믹 소로우(우주적 고민)였다. 기교(棄教)의 결과로 그의 마음 깊은 곳에는 커다란 공허가 생겼다. 그는 신에게 의지하지 않고, 그리스도 또는 그 외의 이른바 신의 사람에게 의지하지 아니하고 자신의 힘으로 그 공허를 메우고자 하였다. 그것이 그의 고민이 있는 곳이었고, 그의 분투노력은 거기에 있었다고 여겨진다.[1]

과연 우치무라였다. 그는 아리시마의 비극적인 최후가 '신앙상의 커다란 문제'에서 연원(淵源)함을 적확하게 꿰뚫어보고 있었다. 하지만 우치무라의 글은 아리시마와 기독교 사이의 문제 내지는 아리시마

와 우치무라 사이의 간극(間隙)이 어디에 있었는가를 여실히 노정하고 있다는 점에서 흥미롭다. 우치무라는 아리시마의 번민이 "부인 한 사람의 사랑을 얻고자 하는 고민"이 아니라 "우주적 고민"이었다고 하였으나, 아리시마의 "우주적 고민"은 현실적으로 "사랑"을 통해서 대답되지 않으면 안 되는 번민이었다. 그리고 글의 제목이 말해주듯이, 그가 추구했던 "사랑"은 "아낌없이 빼앗는 사랑"(惜しみなく愛は奪ふ)이었다. 아리시마의 "기교"(棄敎)는 기독교로부터 이러한 "사랑"을 얻을 수 없다고 하는 그의 판단의 결과였던 것이다.

아리시마가 기독교에 대해서 느꼈던 거리감은 1919년에 발표되었던 『어떤 여자』(或る女)의 주인공 요코(葉子)를 통해서 표현된다.(한국어 번역은 『어떤 여자』(유은경 역, 향연, 2006)를 이용하였으나 필자가 사역(私譯)한 부분도 있다.) 주위의 반대를 무릅쓰고 결혼했다가 곧바로 헤어지고, 더욱이 그 남자의 아이를 낳았음에도 불구하고 그 사실을 전 남편에게 숨기는 여인 요코. 아리시마가 그랬듯이 요코도 "센다이 (仙台) 시절에는 기독교 신자였다."

그녀는 다시 주위의 권유로 미국에 사는 한 남성과 결혼하기 위해 마지못해 미국행 배에 오르지만, 선상에서 알게 된 남성 구라치(倉地) 와 맺어져 미국에는 상륙도 않고 일본으로 돌아오고 만다. 더욱이 구라치에게는 가정이 있었다. 요코에게 중요했던 것은 "도덕이라는 것을 신주단지처럼 여기는" 사람들로부터 벗어나 "목숨과도 바꿀 정도"의 사랑을 발견하는 일이었다. 그리고 그것은 여자로서의 "자신만의 자아를 찾아 헤매는" 노력에 다름 아니었다는 점에서 요코의 행위는 아리시마와 아리시마의 동시대인들에게 과제로 주어졌던 '자아 추구'

의 연장선상에서 읽어야 할 것이다. "이 행복의 절정이 바로 지금이라고 누구든지 알려주는 사람만 있다면, 나는 그 순간 기꺼이 죽겠다"고 하는 그녀의 파우스트적인 고백은 자신만의 독립적인 자아를 찾아 나선 사람의 삶의 방식인 것이다. 이러한 자아 추구가 전통적 가치관이나 도덕관으로부터의 자유를 꿈꾸는 존재, 아리시마의 표현을 빌린다면 '유랑인'(流浪人, loafer)의 모습을 지닌다는 것은 극히 자연스러운 일이다.[2] 이러한 요코의 다음과 같은 말은 곧 기독교에 대해 아리시마가 가지고 있는 거리감의 표현 이외에 다름 아닐 것이다.

"하여튼 제가 있어본 바, 이 두 아이(요코의 여동생들 – 필자 주)를 그 기독교 학교에 보내고 싶은 생각은 없습니다. 그 학교에서는 여자를 대체 뭐로 보는지……." 이렇게 말하는 사이에 요코의 마음에는 불같은 회상의 분노가 타올랐다. 요코는 그 학교 기숙사에서 하나의 중성 동물로 취급받은 사실을 잊을 수가 없었다. 착하고 사랑스럽고 온순하게, 타고난 그대로의 아름다운 호의와 욕망이 명하는 대로 어렴풋하게나마 하나님이라는 존재를 연모하기 시작한 열두세 살쯤의 요코에게 학교는 기도와 절제와 감정의 억제를 강요하다시피 주입시키려고 했다.

이렇게 본다면 아리시마의 '기교'가 그에게 공허를 남겨 놓았다기보다는 그를 사로잡았던 공허가 기독교로부터 답을 얻지 못했다고 여겨진 곳에 아리시마의 '기교' 일어났다고 하는 테제가 성립된다. 이 테제의 성립 여부를 둘러싼 논란은 곧 근대 일본에 있어서 기독교 신앙의 수용에 대한 논의와 같은 맥락에서 이루어진다.

사실 우치무라의 영향을 받아 기독교인이 되었다가 훗날 기독교를 떠났던 사람은 아리시마 한 사람만은 아니었다. 우치무라가 탄식하였듯이, "이 나라의 모든 문학자, 철학자, 젊은 정치가 등은 배교자라고 보아도 크게 틀리지 않는다. 내 밑에서 배웠던 많은 문학자, 법학자, 이학자 등은 극히 적은 수를 제외하고는 모두 배교자가 되었던 것이다."[3] 그렇다고 한다면 현재 논구하고자 하는 아리시마의 경우를 포함해서 근대 일본에 나타나는 '배교자'라는 현상은 단순히 한 개인의 신앙상의 문제가 아니다. 이는 기독교와 기독교를 수용하였던 당시 일본 사회의 관계 속에서 파악해야만 그 본질적인 측면이 드러난다고 할 수 있다. 즉 메이지 시대의 '배교'라는 문제에는 "일본에 있어서 기독교 혹은 일본 문화와 기독교라는 문제"[4]가 함의되어 있는 것이다. 그렇다면 위의 테제는 아리시마의 비극적 최후가 단지 아리시마 한 개인의 문제가 아니라 "절망의 나락에서 울음소리조차 메말라버려 고뇌의 신음소리도 내지 못한 채 마음속으로만 그 고뇌를 삭이는 근대 일본인의 어두운 그림자"[5]로 읽을 수 있다는 점에서 그 성립의 단초가 발견된다. 아리시마가 남겨 놓은 다음과 같은 시는 영원한 '유랑인'으로서의 아리시마의 심경을 그대로 드러내준다고 할 수 있겠으나, 그는 누구에게 이 시를 쓰고 있을까?

길은 없어라, 세상에 길은 없어라. 조심스럽게
그대는 거친 들판의 땅에 발을 내디뎌라
(道はなし世に道は無し心して　荒野の土に汝は足を置け)

나아가 그의 이러한 고뇌와 좌절이 기독교에로의 입신(入信)과 기독교로부터의 떠남[離敎]을 잇는 선을 축으로 하면서 이루어진 '신앙상의 커다란 문제' 라는 점에서, 아리시마의 경우는 일본에서 태어난 '나의 그리스도' (아쿠타가와)의 형적을 추적하려는 우리에게 시사하는 바가 다대(多大)하다고 하겠다.

'사랑의 종교' 에로의 전환

소설가 아리시마 다케오는 1878년(메이지 11년) 구 사쓰마번(薩摩藩)의 무사 가문 출신이자 오쿠라쇼(大藏省)의 관리였던 다케시(武)의 장남으로 도쿄에서 태어났다. 미션 스쿨인 요코하마의 에이와학교(英和學校, 현재의 요코하마에이와학원(横浜英和學院))에 다녔으며, 일본의 황족들을 위한 학교인 가쿠슈인(學習院) 중등과(中等科)를 졸업하였다. 후에 화가가 된 이쿠마(生馬)와 소설가 사토미 돈(里見弴)은 그의 동생들이다.

19세에 삿포로농학교(札幌農學校)에 입학한 그는 니토베 이나조(新渡戶稻造)의 집에 기거하면서 학교를 다녔으며, 니토베와 우치무라의 감화를 받아 1901년(메이지 34년) 삿포로독립기독교회(札幌獨立基督敎會)에 입회하였다. 삿포로독립교회는 삿포로농학교 졸업생을 중심으로 1882년에 세워진 교회로 어떤 교파에도 속하지 않는 프로테스탄트 교회였다. 이 교회는 1901년 3월에 개최된 총회에서 세례나 성찬식을 거행하지 않고 입회를 인정할 것을 결의하였는데, 아리시마가 입회하

였던 것은 이러한 결의가 이루어진 직후인 3월 24일의 일이었다.[6]

아리시마는 니토베의 주선으로 1903년에 도미하여 하버포드 대학원, 하버드 대학 등에서 수학하면서 휘트먼과 입센, 베르그송, 니체 등과 같은 서구 문학자와 철학자들의 사상에 심취하였고, 유럽을 거쳐서 1907년에 귀국하였다. 귀국 후 그는 도호쿠제국대학(東北帝國大學)의 농과대학으로 승격한 자신의 모교에서 교편을 잡았고, 2년 뒤에 가미오 야스코(神尾安子)와 결혼하였다. 1910년에는 시가 나오야(志賀直哉), 무샤노코지 사네아쓰(武者小路實篤) 등과 함께 '시라카바파'(白樺派)의 중심인물로 활약하였다. 그리고 그해 5월 기독교 신앙에 대한 회의를 더 이상 감출 수 없었던 아리시마는 삿포로독립교회를 탈퇴하게 된다.

앞서 언급했던 추도문에서 우치무라는 아리시마가 '서양에 갔다 온 후' 심경에 큰 변화를 일으켜 결국 기독교를 떠났다고 썼다. 물론 아리시마가 미국 유학을 통해 이른바 자유주의 기독교 사상에 접했던 것은 사실이나,[7] 그는 미국 유학을 떠나기 전부터 기독교에 대해서 거리감을 느끼기 시작하였다. 예를 들어 아리시마는 미국으로 떠나기 전인 1903년 에비나 단조(海老名彈正, 1856~1937)의 〈오리게네스의 기독교〉라는 설교를 듣고 "적지 않은 은혜를 받았음을 감사해야 한다"고 일기에 쓰고 있었다.[8] 그런데 아리시마는 이 설교에 나오는 '알렉산드리아의 로고스 종교'라는 항목 가운데 요한을 찬양하는 대목에서 민감하게 반응하고 있다. 사실 아리시마는 에비나의 설교를 듣기 전부터 "나는 요한이 말하는 사랑을 보편적이라고 느끼지 않을 수 없다"고 했다. 그는 요한복음 8장의 '간음한 여인'의 이야기를 읽고 나서 "나는 특히 이 구절을 신약성서 가운데 가장 깊게 애독하고 있다", "나는 요한으로부터 그리스도에 왔으며, 좁은 길로부터 넓고 넓은 꽃동산에 나온 것 같은 생각이 들었다"고 할 만큼 신약성서의 요한에게 다가가 있었던 것이다.

아리시마가 이러한 에비나의 설교를 듣고 큰 감화를 받았다는 사실은 아리시마의 사상이 이른바 정통주의적인 기독교에서 탈피하여 그리스도의 인간성에 초점을 맞추는 자유주의 기독교로의 이행을 의미함과 동시에, 바울의 속죄론적 기독교에서 요한이 말하는 사랑의 기독교로의 변화를 의미한다. 아리시마는 속죄의 목적은 우리를 완전한 사람으로 만드는 데 있고, 속죄는 도덕의 종극(終極)이라고 보는 우치무라의 기독교 해석에 이질감을 느끼고 있었다. 요시다의 다음과 같은 해석은 이러한 저간의 사정을 잘 설명해준다. "우치무라의 『구안록』(求安錄)은 속죄의 종교론이고, 십자가상의 그리스도에 집중해 있으며, 그 이상의 것을 말하지 않는다. 시간적 정지(靜止)의 종교인 것이다. 아리시마는 정지의 그리스도에게 자신의 마음을 합칠 수가 없었다. 그는 그보다는 시간적 유동(流動), 자연 속에서 보이는 영원한 생명의 연속, 그 신비에 매료되었고, 자신의 마음을 자연의 마음에 합치시키고자 하였다."[9] 이러한 사실은 아리시마가 1903년의 한 집회에서 행한 강연에서도 가감 없이 드러난다.

나는 오늘 요한복음 8장의 간음하다가 잡혀온 여인의 이야기를 하려한다. 기독교의 근본 사상은 사랑(Love)에 있다. 사람들은 사랑을 많이 설하면 도덕은 약해지고 또 사라진다고들 하지만, 이는 참으로 사랑의 진체〔眞諦〕에 도달하지 못한 것이라고 해야 할 것이다. 그리스도가 이룩하신 생애의 어느 한 조각을 떼어서 생각해보아도, 거기서 만일 사랑을 제한다면 남는 것은 아무것도 없을 것이요, 남는 것은 제로가 된다. 사랑으로 뒷받침되지 못한 채 일어나는 모든 힘은, 중력에 반대해서 일어나는 힘처럼, 다시금 옛 위치로 돌아가는 결과가 될 뿐이다.[10]

바울과 우치무라의 속죄론적 기독교로부터 요한이 말하는 사랑의 종교로의 전환을 이해함에 있어서 중요한 사실은 시인 월트 휘트먼(Walt Whitman)에 대한 아리시마의 애정이다. 아리시마는 휘트먼의 시를 일본어로 번역하여 출간하였을 뿐만 아니라, 대표작이라고 할 수 있는 『어떤 여자』의 첫머리에 휘트먼의 시를 영어 그대로 인용하고 있다. 아리시마가 「이름도 없는 창부에게」(名もない淫賣婦に)라고 번역한 휘트먼의 시는 「To a common prostitute」인데, 아리시마는 이 시의 일부를 자신이 쓴 소설의 에피그라프로 인용하고 있는 것이다. 그렇다면 이 시는 아리시마의 사상 전체의 축약이라고 보아도 무방할 것이다.

태양이 그대를 내버리기 전에는 나도 그대를 버리지 않으리.
물이 당신을 위해서 더 이상 광채를 내지 않게 되기까지
나뭇잎이 당신을 위해서 반짝거리지 않게 되기까지
나의 말도 당신을 위해서 광채를 내며 반짝거리리라.

Not till the sun excludes you, do I exclude you ;

Not till the waters refuse to glisten for you,

and the leaves to rustle for you, do my words

refuse to glisten and rustle for you

　요한복음 8장에서 간음한 여인에게 예수가 하신 말씀인 "나도 네 죄를 묻지 않겠다. 어서 돌아가라"(11절)를 패러프레이즈한 것이 틀림없는 휘트먼의 이 시를 아리시마가 인용하고 있다는 사실은 아리시마가 요한의 그리스도에게서 '인간 존재에 대한 전면적인 수용의 자세'와 '인간의 죄에 대한 구원의 가능성'을 발견하였음을 의미한다.[11]

　아리시마에게 있어서 신은 사랑이었으며 그 경우의 사랑은 '아낌없이 빼앗는 사랑'이었다. 그는 『아낌없이 사랑은 빼앗는다』라는 작품에서 신의 사랑은 남김없이 빼앗는 사랑이기에 신은 우리들을 남김없이 섭취(攝取)하여 자신 안에 품으려 하신다고 보았다. 그리고 우리도 이러한 신의 빼앗는 사랑을 지님으로써 하나의 인격체가 된다. "신의 사랑은 내 안에서도 작용하고 있지만, 가령 그렇다고 하더라도 나는 신의 사랑과 나의 사랑을 이질(異質)의 것으로는 생각할 수 없다. 신은 주는 힘이 아닌 빼앗는 힘이다. 신은 그 힘의 어떤 부분을 나에게 던져주신 것이 아니다. 그 힘의 전체 속에 나를 섭취(攝取)하고자 하는 것이다. 이렇게 느끼는 것이 나에게는 훨씬 합리적이다."[12] 그러므로 아리시마에게 있어서 예수는 다름 아니라 이러한 신의 모든 것을 '빼앗는 사랑'의 화신이다.

　나에게 깊은 감명을 주는 것은 그리스도의 짧은 지상 생활과 그분의 죽음이다. 무학(無學)의 어부와 세리와 창부 등에 둘러싸인, 세상 사람들 눈에서 멀리 떨어진 33년간의 생애에 있어서, 그분은 그 무엇과도 비교할 수 없는 깊고도 선한 사랑의 소유자이고 사역자였다. 그분은 순수한 사랑의 사업 이외에는 그 무엇도 선택하지 않았다. 그분은 무상(無上)의 사랑에 의해서 삼세(三世)에 걸쳐 인류를 자기 안에 섭취하였던 것이다. 그리스도의 생애에서 그 어디에 의무가 있고 희생이 있단 말인가. 그리스도는 주는 것을 고통으로 여길 정도로 사랑이 가난한 사람이 결코 아니었다. 그리스도는 우리를 이미 그분 속으로 빼앗았던 것이다. 그리스도의 사랑은 세상의 모든 것보다 높은 것, 깨끗한 것, 아름다운 것을 섭취해버렸다. 악한 것, 추한 것도 또 자신에게 섭취하여 정화하였다. 눈을 뜨고서 그리스도가 지니신 것이 얼마나 풍요로운가를 보라. 그리스도가 베풀어주신 모든 것은 실은 모두 그리스도 자신에게 베푼 것이다. 그리스도는 주지 않는 것이 하나도 없었다. 그러나 그 무엇도 잃은 것이 없으며 모든 것을 얻었다. 이 대환희에 그대도 참여해야 한다. 그리스도가 그대에게 요구하시는 건 오직 이것 하나뿐이다. 그대가 가령 모든 것을 베푼다고 할지라도 영원한 생명을 잃는다면 무슨 소용이 있으리오. 그대는 위선자를 알고 있는가? 위선자는 희생과 헌신이라는 미명(美名)을 탐해서 자기에게 완전히 동화될 수 없는 밖의 것〔外物〕을 위해서 낭비하는 사람을 일컫는다.[13]

"사랑은 주는 본능 대신에 빼앗는 본능을 지녔다. 또 방사(放射)하는 힘이 아니라 흡수하는 힘이다." 성서에 고백된 신이야말로 "그분의 힘 전체 속에 우리를 섭취하고자 하는 사랑의 신이고, 무한히 우리를 찾아 헤매는 사랑의 신"인 것이다. "아리시마의 코스믹 소로우는 이러한 신을 믿는 것의 열정과 그리고 또 반발하는 것의 자의식의 변증법이라고도 해야 할 '인생'(라이프)을 살고, 그것을 문자의 언어로 표출하고자 한 바에 있는 것이다."[14]

다시 '배교'라는 문제에 대하여

일본 사상사의 맥락에서 일본 기독교사를 연구하는 다케다는 일본에 기독교가 수용되었던 양태를 5가지 패턴으로 분류하면서, 각각을 ① 매몰형(埋沒型, 安協의 埋沒), ② 고립형(孤立型, 非安協의 孤立), ③ 대결형(對決型), ④ 접목형(接木型) 내지 토착형(土着型), 그리고 ⑤ 배교형(背敎型)으로 명명한다. 그런데 아리시마의 '배교'에 대해서 논구할 경우 흥미로운 것은 다케다가 '배교형'에 대해서 "이른바 배교자가 되는 것 혹은 그렇게 됨으로써 역설적으로 기독교의 생명의 정착을 추구하는 것"이라고 부연하는 대목이다.[15] 즉 다케다는 아리시마의 경우를 "순전히 신앙적인 입장이 변해서 기독교를 버린다고 하는 본래적인 의미에 있어서의 배교(apostasy)가 아니라" "분명한 회심 체험을 가지고 입교한 신도가 어떤 신앙적, 사상적 혹은 이데올로기적인 모순에 부딪쳐서 '배교'를 결심하고, 그것을 선언함으로써 기독교를 버리는 경우"에 해당한다고 보고 있다. 다시 말해 아리사마의 경우는 "이교(異敎) 나라의 사상적 풍토에서 형성된 교회 신앙의 본질 혹은 신도 집단의 존재 방식에 얽혀 있는 사상적 내지 이데올로기적 문제로 말미암아, 현존하는 교회 혹은 기독교인의 무리로부터 이탈한다는 의미에서의 배교자"라는 것이다. 다케다는 "근대 일본에는 이러한 유형의 배교자가 비교적 많았다"고 보면서 아리시마의 경우도 "사상적 모순으로 말미암아" 교회를 떠난 경우에 해당한다고 보았다. "'자아'의 문제, 즉 근대적, 인격적 주체로서의 개아(個我)의 확립이라는 문제를 둘러싸고 일본의 기독교계에 지배적이었던 사고방식과 마찰하고 상극함으로 말미암은 '배교'"라는 것이다. "그의 배교에는 근대 일본에 있어서 '자아'의 추구라는 절실한 문제가 담겨져 있었다."**16**

그렇다면 앞서도 말하였듯이, 아리시마의 '배교'는 단순히 형식적인 측면에서가 아니라 "일본에 있어서 복음과 문화의 문제에 관한 기본적인 문제를 제기하는" 것으로 중시되지 않으면 안 된다. 다케다의 말을 좀 더 길게 인용해보자.

근대 일본 프로테스탄트의 역사에서 드러나는 배교자의 문제는 배교자 개인의 신앙 내지는 사상의 문제에 머무는 것이 아니라, 이러한 이교 문화의 토양에 복음이 뿌리를 내리려고 하는 투쟁의 과정에서 젊고 미숙한 교회 자체가 내포한 신앙적·사상적 뒤틀림이 드러난다는 문제가 거기에는 포함되어 있다고 여겨진다. 그러한 신앙적이고 사상적인 관심에 있어서 근대 일본 배교자의 계보는 면밀하게 재검토될 필요가 있는 것이다. 왜냐하면 신앙과 문화의 문제를 날카롭게 문제시하면서 고뇌하였던 이들 선인(先人)들은 그들의 성실함으로 말미암아, 벽을 벽으로 자각하고 방황하여 당시의 미숙한 교회가 설정한 편협한 규범의 틀을 벗어남으로 말미암아, 스스로 혹은 타인에 의해 '배교자' 라는 낙인이 찍혀 교회로부터 버려졌던 것이다. 그래서 안타깝게도 복음의 토착화에 있어서 가장 결실이 풍부할 수 있었던 사상 영역의 생산적 요소를 상실해버리는 결과를 초래하였던 것이다. 일본의 정신적·문화적 토양에 복음이 깊게 뿌리를 내리기 위해서는 교회 안의 사람들만이 아니라 오히려 이렇게 교회(기독교인의 무리)와 '밖' 의 세계와의 경계선상 혹은 선의 밖으로 벗어난 영역에 있어서 긍정적으로든 부정적으로든 기독교가 가져다준 기본적 메시지를 성실하게 받아들이고, 그것과 자각적으로 상극(相剋)하고, 참된 의미에서의 근대화를 지향하며, 독자적인 사상적 과제를 끌어안고서 번민하며, 길을 개척하고자 하였던 사람들의 사상을 새로운 관점에서 적극적으로 다시 검토해볼 필요가 있는 것이다.[17]

앞장에서 언급한 엔도 슈사쿠는 기독교라는 옷을 벗어버릴까 하고 생각하면서도 벗지 않고 그 옷을 자신의 몸에 맞는 옷으로 변형시켰지만, 아리시마는 그 옷을 변형시키는 대신 대담히 벗어버리고 말았던 것이다. 그러나 여전히 문제는 남는다. 아리시마가 벗어버렸던 것은 기독교 그 자체였을까? 그가 벗어버렸던 것은 '내부적 생명성' 으로서의 성(性)과 그러한 성적인 주체로서의 육체를 악마적인 것으로 단죄하고, 교리와 제도로서 고체화(固體化)되고 형해화(形骸化)된 기독교는 아니었을까? 엔도 슈사쿠가 '물의 성사' 를 통해 서구 기독교에 달라붙어 있는 단단한 껍질을 용해하여 '나의 그리스도' 를 드러나게 하였다고 한다면, 아리시마의 경우 역시 '배교' 라는 행위를 통해 서구로부터 수입된 기독교의 단단한 껍질을 벗겨내고 그 속에 감추어져 있던 '내부적 생명'을 드러내고자 했던 것은 아니었을까? 그리고 여기에 '아리시마의 고민을 보지 못했던 우치무라의 불행'[18]이 있었다고 할 수 있지 않을까?

제도로서의 종교에 대해서 나는 전혀 동정도 못 느끼고 공감하지도 않는다. (중략) 그렇다면 제도를 떠나서 종교적 신념이 있는가라고 한다면, 나는 그렇다고 생각한다. 지금까지 일반인의 생각에 의한다면 초월적인 절대적 존재 혹은 관념적인 것에 대한 신앙만이 종교의 대상물로 여겨진다고 하겠다. 가령 상대적 관념 속에 살고 있는 사람이라고 하더라도 거기에 무언가 결정적인 신념이 타오르고 있다면, 그 사람에게는 그것이 그대로 그 사람의 신앙이 되어야 한다. 그 누구도 그것을 신앙이 아니라고 거부할 수 없다. 동시에 그러한 신념에 서 있는 사람은 종종 스스로를 무신앙(無信仰)인이라고 표방하는 경향이 있지만, 그것도 나는 무신앙이라고는 생각지 않는다. 그것도 역시 하나의 신앙이라는 관념을 자유롭고 넓게 가져야 하며, 이렇게 해서 종교를 모든 브로커의 손으로부터 해방시켜야 한다고 믿는다.[19]

이런 점에서 본다면 아리시마의 이른바 '배교'는 "종교의 형태와 제도를 부정하고 종교성이라는 내적 생명을 긍정한 것으로 무신앙과 종교 비판이라는 형태의 역설로 나타난 것"이라고 이해할 수 있다. 그리고 위의 글이 아리시마가 세상을 떠나기 1년 전에 쓰였다는 사실은 '배교'가 '아리시마의 평생에 걸친 탐구의 도달점'이었음을 말해준다. 그리고 그의 그리스도 이해가 "역사적 사실로서 유대 종교 권력과

로마의 국가 권력으로부터 자유롭게 아나키스트적으로 살다가 살해된 예수에 관한 논리"를 노정한다는 점에서 "시대를 선취한 인물로서의 아리시마"를 찾아볼 수 있다고 하겠다.[20]

아리시마는 『어떤 여자』의 요코 속에 이미 자신의 모든 것을 그려놓았다. 작품은 요코가 '영혼을 쥐어짜는 듯한' 극도의 고통 속에서 오지 않는 우치다(內田) 목사를 기다리는 장면에서 끝을 맺는다. 우치다의 모델은 다름 아니라 우치무라이다. 한때는 요코를 "하나님 이외의 유일한 동반자"라고까지 칭송하다가 요코의 행실을 신랄하게 비난하는 우치다를 향해서 요코는 이렇게 쏘아붙였다. "한 마디만 아저씨(=우치다)께 여쭤주세요. 일곱 번씩 일흔 번은 아니더라도 하다못해 세 번쯤은 남의 허물도 용서해주시라고요." 우치무라가 가지고 있던 도덕주의적인 기독교에 대한 아리시마의 비판이 울려나오는 대목이라고 아니할 수 없다.

아리시마와 우치무라의 관계는 최후까지 애증(愛憎)의 양면성을 지닌 것이었다. "요코는 우치다가 오기를 간절히 빌었다. 그러나 고이시카와에 살고 있는 우치다는 좀처럼 올 기미가 보이지 않았다." 이 마지막 장면을 통해서 아리시마는 자신을 아껴주다가 '기교' 이후 그토록 싸늘하게 변해버린 우치무라에 대한 '묘한 그리움'과 섭섭함을 동시에 나타내려고 했던 것은 아니었을까?

그러나 요코의 '영혼을 쥐어짜는 듯한' 비명은 그가 이미 몸과 마음을 떠나 있던 우치무라를 향한 것은 아니었을 것이다. 우치다는 끝내 오지 않았을 뿐만 아니라 우치다, 아니 우치무라야말로 아리시마의 '영혼을 쥐어짜는 듯한' 몸부림에 냉정했던 사람이었기 때문이다. 요코의, 아니 아리시마의 '영혼을 쥐어짜는 듯한' 비명 소리는 "자기의 '사랑'을 자유롭게 필사적으로 살고자 하였던 사람이 그러한 자신의 완전한 존재를 '섭취'해주는 존재가 도래할 것을 기다리는 영혼의 절규"라고 해야 할 것이다.[21]

시마자키 도손과 '신생'(新生)에의 희구

"누구든지 새로 나지 아니하면……."

_ 요한복음 3:3

"누구든지 새로 나지 아니하면……."

_ 요한복음 3:3

표박(漂迫)과 선세(蟬蛻)

갓 말아 올린 그대의 앞머리가
사과나무 아래로 보였을 때
앞머리에 꽂은 꽃 장식이
꽃이 있는 그대라고 생각했지요.

부드럽고 하얀 손을 내밀어
사과를 제게 건네주시니
엷은 빨간색으로 물든 가을 열매에
처음으로 사랑을 하기 시작하였죠.

부질없는 저의 한숨이
그대의 머리칼에 가 닿을 때
달콤한 사랑의 잔을

그대의 연정에 기울이나니

사과밭 나무 아래
절로 생긴 오솔길은
누가 밟기 시작한 자국일까 하고
물으시는 것조차 제게는 사랑이더이다.

위의 시는 시인이자 소설가인 시마자키 도손(島崎藤村, 1872~1943)의 「첫사랑」(初戀)이다.[1] 소년 도손이 이웃집에 사는 같은 나이 또래의 소녀에게 품었던 동경을 노래하고 있다는 이 시는 자신에게 다가오는 여인을 바라보는 남성의 관능적 시각이 남녀의 평등을 고양하는 언어로 표현되었다는 점에서 뛰어난 근대 연애시(戀愛詩)로 평가되고 있다.[2]

도손 스스로도 "여덟 살 무렵부터 이미 여인에 대한 정열을 느낄 정도의 천성을 타고 났다"고 쓸 정도로, 그에게 있어서 여인에 대한 사랑은 가히 운명과도 같은 것이었다. 이러한 운명은 그에게 약동하는 생명에 눈뜨도록 인도해줌과 동시에, '여인들로부터 완전히 떠나 마음의 고요함을 지닐 수 있었던 시절'을 오히려 그리워하게 할 정도로 도손에게는 감당하기 어려운 중압(重壓)이기도 하였다. 그 주술과도 같은 운명이 광풍처럼 도손을 덮쳐올 때, 도손은 일체 모든 것을 내버리고 차라리 '죽음과도 같은 침묵' 속에 잠영(潛泳)하기를 꿈꾸었는지도 모른다. 도손의 자서전적 작품인 『봄』(春)(1908), 『벚나무 열매가 익을 때』(櫻の實の熟する時)(1919), 그리고 『신생』(新生)(1919)에 등장

하는 기시모토 스테키치(岸本捨吉)는 도손 자신과 등신대(等身大)의 인물인데, 『신생』의 스테키치는 "사랑하는 것조차 두려워하게 되었다. 사랑의 경험은 그만큼 깊은 상처를 그에게 남겨놓았다"라고 토로하고 있다. 이런 점에서 본다면 도손의 시와 소설은 자신을 번롱(翻弄)하는 사랑이라는 운명과의 씨름이었다고도 할 수 있다. 그의 삶과 문학은 언제나 '자신의 몸을 덮쳐오려는 강한 폭풍의 도래를 예의 주의하면서 기다리는' 것이 되지 않으면 안 되었던 것이다.

그러한 운명은 '새로운 생명의 싹이 도도하게 피어나던' 스무 살 무렵, 영어 교사로 부임하였던 메이지여학교(明治女學校)에서 자신이 가르치던 학생을 마음에 두면서부터 훈풍(薰風)처럼 다가왔다. 여학생의 이름은 사토 스케코(佐藤輔子). 스케코가 도손보다 한 살 위라는 것은 문제가 아니었으나, 그녀에게는 이미 약혼자가 있었다. 「우산 속」(傘のうち)이라는 도손의 시에 묘사된 표현을 빌리자면, 도손과 스케코는 "우산 하나를 둘이 같이 쓴 것처럼" "얼굴과 얼굴을 가까이" 마주하는 좁은 공간에 있었고, 더욱이 도손의 영혼은 '우산 속'을 가득 메운 "매화꽃 기름 바른 검은 머리의 향기에 어지러움"을 느끼며 스케코에게 흡인(吸引)되었으나, 도손과 그녀의 거리는 무한 그 자체일 수밖에 없었다. 『벚나무 열매가 익을 때』에 등장하는 야스이 가츠코(安井勝子)는 다름 아닌 스케코를 모델로 설정한 인물인데, 도손은 가츠코에 대한 스테키치의—자신의—심경을 이렇게 묘사하고 있다.

하지만 스테키치는 교사다. 그리고 가츠코는 생도다. 이를 생각하면 괴로웠다. (중략) 스테키치는 사람들을 권면하는 자의 쓰라림을 맛보았다.

어떻게 해서든지 자신의 뜨겁고 애절한 정을 가츠코에게 전하고 싶었으나, 그 마음을 전하고자 하면 할수록 오히려 자신을 억누르고 말았다.

스케코를 향한 사랑이 빚어내는 '끝을 알 수 없는 시름'에 괴로워하던 도손은 자신을 '죄인'이라고 나무라는 시선조차도 그것이 스케코에게 받는 힐난이라면 행복하겠노라고, 그 아픔을 역설적으로 토해낸다. 그러나 그 아픔은 끝내 도손으로 하여금 근무하던 학교를 사직하고 표박(漂迫)의 여행을 떠나도록 만든다.(도손과 스케코는 그 후에도 몇 번 만나지만, 스케코는 1895년 삿포로농학교의 강사와 결혼하였다. 그러나 불행히도 임신에 따른 병상 악화로 인해 그해 8월 세상을 떠난다.[3]) 그는 하숙집에서 저 옛날 바쇼(芭蕉, 1644~1694)의 『오쿠노 호소미치』(奥の細道)에 나오는 "옛 사람들도 많이 여행 중에 죽어가고"(故人も多く旅に死せるあり)라는 구절을 마음에 새긴 채 '일체 모든 것을 버리고 떠나는' 심경으로 반년에 걸친 유랑의 길에 들어선다. 그런데 이 유랑의 행각은 '자기의 옛 껍질, 부끄러움에 가득 찬 과거의 자신을 벗어버림으로써 새롭게 태어나는 것'을 테마로 하는 도손 문학의 출발점이자 원형(原型)이 되었다.

그 후 도손은 기타무라 도코쿠(北村透谷, 1868~1894)의 소개로 이와테현(岩手縣)의 이치노세키(一關)의 한 가정에 영어 교사로 들어갔지만, 운명은 이번에도 도손을 조롱하였다. 이치노세키는 다름 아니라 스케코가 소녀 시대를 보냈던 곳이었던 것이다. 도손은 머리를 깎고 '행각승'(行脚僧)의 행장을 한 채 다시금 유랑의 길을 떠난다. '약혼자가 있는 여인을 사랑하는 남자가 산에 올라 그녀의 집을 물끄러미 내려다보면서 부르는 노래'라는 부제가 달린 「별리」(別離)라는 제목의 시에서 도손은 사랑이라는 운명에 갇힌 자신을 이렇게 노래한다.

상처받는 것도 모르는 어리석은 이 몸은
괴로운 사랑의 우옥(寓獄)이 되고
죄의 채찍을 벗어나서
사랑으로 말미암아 죽으려 하네.

표박에서 돌아온 도손은 1899년 코모로의숙(小諸義塾)에 교사로 부임하고 미나토 후유코(湊冬子)와 결혼하였으나, 이 부인은 불행하게도 1910년에 병사하고 만다.(『신생』에 의하면 이 부인과의 관계 역시 도손에게는 '폭풍'이었다.) 하지만 부인과의 사별은 도손에게 또 한차례의 엄청난 '폭풍'과 그로 인한 말할 수 없이 음습한 '지옥 체험'을 불러오게 된다. 집안일을 도와주기 위해 집에 와 있던 조카딸 고마코(駒子)와의 사이에 불미스러운 일이 생겼던 것이다. 한 치 앞도 내다볼 수 없는 암흑의 나락 속에서 자신의 존재 자체가 스멀스멀 사라져가는 것을 목도하고 있던 도손은 1913년 프랑스로 건너간다. 도불(渡佛)은 그에게 또 한 번의 표박이었고, 죄를 지은 자가 스스로를 벌해서 먼 곳으로 떠나는 유적(流謫)이었다. 이제 그에게 세상은 "마치 옥에 갇힌 수인(囚人)에게 사바세계가 전혀 연고가 없는 것처럼", 낯선 곳이 되었던 것이다.

도손은 파리에서 3년을 머문 뒤 귀국하지만, 그의 귀국은 고마코와의 관계를 재연(再燃)시키고 만다. 도손은 프랑스에 머무는 동안 이미

참회록의 성격을 띤 작품인 『신생』을 쓰기 시작하면서 상궤(常軌)를 이탈한 연정의 덫에서 벗어나고자 하였다. 『신생』에 대한 세간의 평가는 평자에 따라서 크게 엇갈리지만,[4] 그것은 단순한 육체적 욕망에서 발단된 관계가 정신적인 사랑으로 발전되고, 나아가서는 종교적 차원으로까지 승화되는 길을 모색한 작품이었다.

　도손은 첫 시집인 『와카나슈』(若菜集)를 포함해 그동안 펴냈던 몇 권의 시집을 묶어 합본 시집을 펴내면서 그 서문에 "실로 나의 시야말로 두려운 고투(苦鬪)의 고백"이라고 부르면서 "탄식과 번민이 나의 시에는 남아 있다"고 소회(所懷)를 남겼다. 그는 "시가(詩歌)는 나 스스로를 책(責)하는 채찍이며", 자신의 시집은 "꽃도, 향기도, 뿌리도 없는 책"이라고 자학적인 언사마저 서슴지 않았다. "나는 몇 번이고 좌절하고 낙담하였으나, 대체로 나 자신으로서는 옳은 길을 걷고자 하였다"는 서술은 도손의 작품에 대한 자평으로 읽어도 무방할 것이다.

　앞서도 말하였듯이, 도손의 자서전적 삼부작(三部作)이라고도 할 수 있는 『봄』과 『벚나무 열매가 익을 때』와 『신생』에 도손 자신의 분신으로 등장하는 스테키치(捨吉)는 이름이 의미하는 그대로 '세상(浮世)을 버린' 사람이다. 도손의 문학은 자신의 옛것을 버림으로써 새롭게 되어 자신을 구원하고자 하는 '자기 구원의 시도'였고, 바로 여기에 '새롭게 태어난다(新生)'고 하는 '강렬한 기독교적 의식'이 자리잡고 있는 것이다.[5] 그가 《문학계》(文學界)에 발표하였던 「매미」(蟬)라는 시에는 표박과 탈각의 문학자다운 도손의 자화상이 여실하게 그려져 있다.

풀 사이에 벗어버린

부끄러움의 껍질(恥の殼)을 숨기지도 않은 채

여름날 뜨거운 햇빛 그늘 속에서

홀로 나뭇가지 끝에서 우는구나.

평론가 요시다는 매미가 추한 껍질을 벗고 아름다운 성충(成蟲)으로 비상하려는 '선세'(蟬蛻)의— 세변(蛻變)의— 몸부림이야말로 도손 문학의 요체라고 보았는데, '부끄러움의 껍질'을 벗고 신생(新生)을 지향하는 태도야말로 지극히 기독교적이라 하지 않을 수 없을 것이다. '자신이 벗어버린 껍질(脫ぎ捨てた殼)을 바라보듯이 자기가 입었던 옷을 물끄러미 바라보는' 스테키치는 이렇게 자신에게 다짐한다. "묻어라, 묻어라, 잊어버리고 싶은 과거의 기억과 함께. (중략) 스테키치는 단숨에 자신의 껍질을 벗어버리고자 마음먹었다. 모두 태워버리자고." 자신의 껍질을 벗어버리려는 몸부림은 사랑이라는 운명이 가져다준 육체와 정신의 동요(動搖) 속에서 그 동요의 너머에 있는 새로운 삶을 대망하려는 태도 없이는 불가능한 일이다. 『봄』에서 그는 이렇게 쓰고 있다.

기시모토는 무언(無言)이다. 그가 무언인 것은 말할 수 있으면서도 일부러 말하지 않는 것이 아니다. 말할 수 없어서 말하지 않는 것이다. 그는 가츠코를 만났을 때부터 정신의 격렬한 동요를 느꼈던 것이 사실이다. 자신의 집이 자신의 집이 아니게 된 것도 사실이다. 사물의 깊은 곳에 감추어져 있는 의미를 생각하게 된 것도 사실이다. 홍수가 넘쳐오듯이 밀려온 것도 사실이다. 그가 그날까지 거쳐 왔던 것은 모두 빠르게 일어나고 있는 '신생'(新生)의 풍경이다. 무슨 목적이 있어서 그렇게 긴 여행을 하였는가라고 누가 캐묻는다고 하여도 그것은 입으로도 말할 수 없고 눈에도 보이지 않는 바의 것이었다.

다카사카의 표현대로 "도손의 세계는 사랑, 고백, 표박이라는 키워드를 가지고 그 상징적이고 전체적인 특징을 드러낼 수 있는 것이다."[6] 이미 언급하였듯이, 도손의 일생은 그를 둘러싼 음습한 운명과의 투쟁이었고, 그러한 투쟁의 피안에 있는 '신생'을 향한 몸짓이었다. 평론가인 이토는 도손이 장편 소설을 본격적으로 쓰기 시작했던 것은 1904년경이었지만, 그는 훨씬 이전부터 도스토옙스키의 『죄와 벌』에 지대한 관심을 가지고 있었다고 보고하고 있다. 당시 일본에는 『죄와 벌』의 완역본은 아직 출간되지 않았는데, 그는 소설가인 다야마 가타이(田山花袋, 1872~1930)에게 『죄와 벌』의 영역본을 빌려서 탐독하였다는 것이다. 특히 주인공 라스콜니코프가 자신의 죄가 드러나는 것을 두려워하면서도 그것을 고백하지 않으면 안 되는 충동에 신음하는 장면이 도손의 마음을 사로잡았다고 이토는 보고 있다. 그래서 이토는 "도손의 내부에도 이처럼 폭로되는 것을 두려워하면서도 그것을 고백하지 않고는 견딜 수 없는 비밀이 똬리를 틀고 있었다"고 쓰고 있다.[7]

도손의 내부에 자리 잡고 있던 비밀이란 그와 그의 가족들의 출생을 둘러싸고서 일어났다고 소문처럼 전해져오는 근친적(近親的)인 관계였다. 도손은 자신과 자신의 가족들을 휘어잡았던 음습한 혈액이 자신의 몸속에도 그대로 흐르고 있음에 괴로워하였던 것이다. 도손은 "일체 모든 것의 색채를 바꾸어 보이는 것 같은 우울(憂鬱)이 일찍이 소년 시대로부터 그의 몸을 찾아왔다"(『봄』)고 쓰고 있지만, 이 우울은 자신의 혈통을 둘러싼 음습한 소문과 무관하지 않을 것이다. '가엾은 순례'로서의 표박으로 시작된 그의 삶과 그 후의 글쓰기는 이러한 비밀을 고백하려는 충동에 자신의 몸을 내맡기는 행위에 다름 아니었다고 하겠다. 하지만 『봄』에서 기시모토의 친우인 아오키(靑木)가 "기시모토 군처럼 다 떨쳐버리고 떠나면 필경 어떻게 될까. 그것이야말로 슬픈 일이란 말이야. 속박은 집념이 대단한 놈이어서 어디까지나 인간에게 달라붙어서 따라오거든"이라고 지적하듯이, 속박에서 벗어나려는 도손의 표박은 그 끝 간 데를 알 수 없이 지속되었다.(아오키의 모델은 다름 아닌 기타무라 도코쿠다.) 그 표박은 무언가에 의해서 종지부를 찍을 수 있는 바의 것은 아니었다. 표박은 모순과 대립을 도말(塗抹)하기 위한 의도적 행위가 아니라 오히려 모순의 자기 외화라고도 할 수 있기 때문이다.

'시적(詩的)인 인격의
환영(幻影)'으로서의 그리스도

시마자키 도손은 현재의 기후현(岐阜縣) 나카쓰가와시(中津川市)의 마고메(馬籠)에서 4남 3녀의 막내로 태어났다.(이곳에는 현재 도손 기념관이 건립되어 있다.) 도손은 그의 필명이고, 하루키(春樹)가 본명이다. 도손(藤村)이라는 필명은 그가 사랑하였던 여인 스케코의 성(姓)인 사토(佐藤)에서 따온 것이었다. 부친 마사키(正樹)는 국학자(國學者)였다.[8]

1881년에 상경한 도손은 1887년 미션스쿨인 메이지학원(明治學院)에 입학하였고, 이듬해인 1888년 6월 다이마치(台町)교회(현재의 다카나와(高輪)교회)에서 기무라 구마지(木村熊二, 1845~1927)에게 세례를 받았다. 구마지는 유명한 정치가인 가츠 가이슈(勝海舟, 1823~1899)의 권유로 1879년 도미하여 12년간 체재하면서 생리학과 신학 등을 공부하였으며, 선교사의 자격으로 일본에 돌아와 전도 활동에 전념하였다. 그는 메이지여학교(1885), 코모로의숙(1893)을 창설하는 등 일본의 근대 여성 교육에 크게 공헌한 인물이었으며, 우치무라 간조, 도쿠토미 로카(德富蘆花, 1868~1929), 야마지 아이잔(山路愛山, 1865~1917), 에비나 단조 등의 인사들과도 교분이 두터웠다.

도손은 메이지학원을 졸업한 후 1892년에 메이지여학교의 영어 교사가 되었고, 기타무라 도코쿠 등과 함께 《문학계》(文學界) 창간에 참여하여 시와 평론 등을 발표하였다. 그러나 앞에서 언급하였듯이, 제자에 대한 연민이 발단이 되어 다음 해에 학교를 사직하고 간사이(關西) 지방과 도호쿠(東北) 지방으로 표박의 길에 들어선다. 동시에 교회에 퇴적계를 내고 기독교 신앙으로부터도 떠났다. 결국 그가 교인으로 있었던 것은 17세부터 21세까지 약 4년 반의 기간이었던 셈이다. 『벚나무 열매가 익을 때』에 의하면, 그가 교회에 제출한 퇴회서의 내용은 "저는 뜻한 바 있어 이번에 교회 회원으로서의 적을 떠나고자 하오니 부디 제명해주시기 바랍니다"라는 것이다. 도손은 이어서 "간절한 사랑으로 말미암아 그는 교회마저도 버리고 떠나려는 생각이었다"라고 쓰고 있다.

이처럼 도손이 기독교로부터 떠난 이유는 크게 보아 두 가지로 그의 여성과의 관계, 그리고 당시의 기독교 교회와의 부조화였다. 앞서 거론하였던 스케코와의 관계 이외에도 당시 젊은 남녀의 자유로운 만남의 장소였던 교회에서 그는 '있을 수 없는 염문'의 주인공이 되었던 것이다. 뿐만 아니라 신앙을 내면적 자아의 문제로 천착하는 대신 교회의 조직화나 관리화에 기울어지면서 사회 운동이나 현실 생활의 구제에 관심을 갖는 당시의 교회는 도손의 내면적 문제에 대답을 주지 못하였다고도 할 수 있다.[9]

그러나 도손이 교회를 떠난 것은 신을 부정하였기 때문이 아니라 "불가해(不可解)하고 모순에 가득 찬 인간성(＝자기)을 긍정하기 위한 깊은 고뇌를 극복하고 살아가려는", 이른바 휴머니즘으로의 방향 전환이라고 본다면, 역으로 도손의 이교(離敎)에 숨겨진 기독교성을 읽어내는 것 역시 가능할 것이다. 도손의 말을 직접 들어보자.

너는 기독교인인가라고 누군가 묻는다면 스테키치는 아무래도 이전에 아사미 선생(기무라 구마지를 가르킨다 – 필자 주)에게 교회에서 세례를 받았을 때와 동일한 자신이라고는 대답할 수 없었다. 일요일마다 정해진 교회에 출석해서 설교를 듣고 찬송가를 부르지 않으면 안 된다고 여기는 신자의 기질로부터는 많이 떠나 있었다. 하루 세 번 드리는 식사 기도조차 하지 않았다. 그렇다면 너는 신을 믿지 않는다는 말인가라고 또 어떤 사람이 묻는다면, 자기는 유치하지만 신을 찾고 있는 사람들 중 하나라고 대답하고 싶었다. 잘못해서 자신은 세례를 받았지만 만일 진실로 세례를 받는다면 지금부터라고 대답하고 싶었던 것이다.

위의 도손의 고백은 타율적으로 받아들였던 그리스도에 대한 이해가 참되고 자율적인 그리스도 이해로의 이행을 의미한다는 점에서, 그리고 내용적으로는 교리적으로 형해화된 그리스도 이해를 벗어나 휴머니즘적인 그리스도 이해를 위한 출발점이 된다는 점에서 도손의 '신앙적' 결단으로 받아들일 수 있을 것이다.

스테키치의 어린 마음 저 깊은 곳에 있는 신은 많은 목사들이나 전도자들이 가르치는 아버지와 아들과 성령[精靈]의 삼위일체로서의 신은 아니었다. 신은 모르는 것이 없고, 능하지 않는 것이 없으며, 우주를 창조하고 섭리해서 좌지우지하고도 남을 정도의 큰 힘의 발현이라고는 해도, 신의 본질을 그와 같이 이해하는 것은 지극히 유치한 지식에 의할 뿐, 스테키치의 마음 깊은 곳에 있는 신앙의 대상은 반드시 그리스도의 몸에 실제로 체현되고, 그리스도의 인격에 합치된 것과 같은 것은 아니었다. (중략) 절반은 인간이고 나머지 반은 신이라고 하는 심상(心像)에 스테키치는 구약적인 인물을 상상시키는 풍모를 부여하였다.

나아가 스테키치는 자신의 신앙이 "시와 종교의 유치한 심지(心持)가 혼합된 것 같은 것, 성인의 철저한 신앙의 경지로부터 멀리 떨어진 것이었으며, 그의 그리스도는 너무나도 시적인 인격의 환영(詩的な人格の幻影)으로서, 그것이 그 자신에게도 부족하였다"고 자평하였다.

다시 말해 그리스도는 현실 속에서 인간과 함께 살아가는 존재가 아니라 "현실의 피안에서 시의 세계에 사는 사람, 현실의 추악함과는 다른 시적 숭고미의 체현자"[10]였던 것이다.

그리스도가 '시적인 인격의 환영'이라는 말은 도손이 심취하였던 바이런, 괴테, 워즈워스, 사이교(西行), 바쇼 등과 같은 천재적인 시인들의 이미지조차 흐릿하게 만들어버리는 절대적인 의미에서의 시인이라는 의미일 것이다. 그런데 '최고의 시적 인격'으로서의 그리스도는 이중적인 의미에서 '환영'이다. 현실에서는 그러한 그리스도를 만날 수 없다는 의미에서 그리스도는 '환영'이고, 절대적인 시적 인격으로서의 그리스도 앞에서는 지상의 그 어떤 시인도 흐릿한 그림자에 불과하다는 의미에서 역으로 '환영'으로서의 그리스도는 리얼리티가 된다. 지상의 현실을 '환영'으로 만들어버리면서도 정작 지상에는 존재하지 않는 절대적 '환영'으로서의 그리스도. 그러한 그리스도의 이미지가 여성에게 투영될 경우 그것은 단테의 베아트리체와 같이 '구원(久遠)의 여성'으로서의 이미지를 지니게 될 것이나, '구원의 여성'은 지상에서는 만날 수 없는 '환영'일 뿐이다. 하지만 그 '환영'은 단순한 허상(虛像)은 아니다. 그 '환영'이 있음으로 말미암아 지상의 육체적 사랑을 살아가는 사람은 자신이 지상과 육체에 갇힌 수인(囚人)이라는 사실을 자각할 수 있으며, 자신의 삶이란 자신을 둘러싼 어두운 현실의 껍질을 벗어버리기 위해 유적(流讁)의 행보를 거듭해야 하는 삶임을 깨닫게 되기 때문이다. 도손의 '신생'에 미친 단테의 '신생'의 의미가 부각되는 대목이다.

　도손에게 있어서 단테는 처음 『신곡』을 통독했던 젊은 날부터 '영원의 마음'을 지닌 대시인으로 의식되었다. 단테에게 있어서 『신생』으로부터 『신곡』에 이르는 영원의 여성은 베아트리체이지만, 도손도 젊은 날 도손 나름대로의 베아트리체 체험을 가지고 있었던 것이다. 도손의 젊은 마음에 영향을 주었던 프로테스탄티즘의 기독교에 있어서 영원(eternity)이라는 개념은 신의 것, 절대적 신의 것이고, 무한의 시간의 연속이나 무한의 공간의 확장을 의미하는 endless나 infinite라는 개념과는 확실히 구분된다. 시간과 공간의 개념은 어디까지나 인간이 만들어낸 상대적인 것임에 반해서, '영원'은 절대적인 것이다.[11]

　'환영'의 빛 속에서 살아가는 사람에게 지상은 모순과 대립으로 가득 차 있다. 종교와 예술, 정신적 사랑과 육체적 정욕, 도덕과 방종, 죄의 두려움과 고백의 충동, 죄의 용서와 심판, 절대적인 신에 대한 의식과 상대적인 세간(世間)의 기준에 따르려는 습관 등 이러한 상반(相反)하는 것들이 공존하는 곳이 다름 아닌 현실이라는 장소다. 도손이 이러한 모순에 가득 찬 현실을 '시적인 인격의 환영'으로서의 그리스도로부터 비쳐오는 빛에 비추어보았다는 사실은 다음 글에서도 추론할 수 있다.

　신은 어째서 이다지도 이상한 세계를 만들었을까? 어째서 어떤 것은 아름답게, 어떤 것은 특히 추하게 만들었단 말인가. 왜 참새 옆에 매를 두고, 양 옆에 이리를 두었으며, 개구리 옆에 뱀을 두고, 닭 옆에 족제비를 두었던고. 왜 평화로운 신의 교회에까지 암투(暗鬪)를 부여하고, 부유한 장로와 가난한 집사를 싸우게 하였는고.

스테키치는 이런 생각에 깊이 빠졌다.

간음하지 말라, 처녀를 범하지 말라, 형수를 넘보지 말라, 그 외의 모든 부덕(不德)은 여호와 하나님이 벌하시는 바의 것이다. 바이런의 일생이 신에게 가납(嘉納)될 수 있는 것이라고는 도저히 생각되지 않는다. 영국의 시인이 이탈리아에서 유람하던 시절, 다 큰 처녀를 둔 베니스의 어머니들은 딸들이 저 수려하고도 방종에 흐르는 사람을 보지 못하도록 창문을 닫았다고 하지 않는가? 그렇지만 만물을 비관하는 것 같은 바이런의 시가 어째서 이다지도 나의 마음을 매료시킨단 말인가? 그 매력은 무엇이란 말인가? 가령 그의 행실이 교회 목사들의 얼굴을 찡그리게 만들 정도로 지저분한 것이었다고 하더라도, 어떻게 저 예술가가 아름답지 않다고 할 수 있겠는가?

도손의 기독교는 "자연에 편재하는 커다랗고 아름다운 생명력 앞에서 기도드리는 시인의 마음"[12]이 향하는 곳에 있었다. 그것은 종교적 신앙과 문학적 영감의 일치라고도 할 수 있는 바의 것이었다. 이토의 말을 빌려보자.

도손의 '신앙'에 대해서 말해본다면, 그 대상은 신불(神佛)이 아니라 신령(神靈), 정령(精靈), 조령(祖靈) 등이 융합된 보다 근원적이고 초월적인 실재인 '자연령'(自然靈), '우주령'(宇宙靈), '세계령'(世界靈)이라고도 할 수 있는 '영'이었고, 그것은 기독교의 성령과는 이질적인 것으로 보인다. 이러한 '영에 대한 신앙'이 그의 내면에 있는 '문학자'와 관계할 때, 문학 창조에 대한 노력은 트라피스트적인 간소(簡素), 침묵, 기도, 노동에서 일하는 수도사의 생활로 바뀌고, 문학 창조를 위해서는 엄격한 수도승적 삶의 방식에 의해서만 '영'에 이르고, '영'과 만날 수 있다. 그러나 문학은 물론 '영'에 이르기 위한 수단은 아니다. '영'과 문학은 도손에게 있어서 동일한 생의 목표였다. 그 '신앙'이 감각적·심정적 경향을 띠는 것을 고려해본다면, 도손의 자세는 정감적 신비주의 또는 낭만적 신비주의라고 볼 수 있을 것이다.[13]

이렇게 본다면 도손에게 있어서는 세례도, 교회로부터의 이탈도 이른바 "전신(轉身)의 고통을 동반하는 종교적 고뇌로서가 아니라 연애의 고통"을 동반하는 것으로 묘사되었다는 가메이의 지적은 반드시 부정적인 의미에서 받아들일 필요는 없을 것이다. 가메이도 도손이야말로 기독교적 신앙과 예술적 미를 사모하는 마음의 갈등을 "모두 자기 내심(內心)의 괴로움으로 맛보았던 사람"이었다고 주장하고 있는바, "조그마한 자기 삶의 방식을 추구하면서 '어떻게 해서든지 살고 싶다'고 하는 정열, 구도의 마음"이 거기에는 있기 때문이다. 가메이는 도손의 『벚나무 열매가 익을 때』와 『봄』이 신앙의 입장에서 이루어진 작품이라기보다는 연애에 관한 책이고 연애에 의해서 배덕자(背德者)가 된 자의 고뇌를 쓴 것이라고 보면서도 "그러나 이 고뇌의 깊은 내면에서야말로 어떤 종교적 세례에 의해서도 주어지지 않는 순수한 기도가 시작된다"[14]고 쓰고 있다.

평론가 다케다는 "도손의 고백, 즉 고백을 희구하는 근저에는 단지 생활 사실이나 내심의 비밀을 드러내는 것뿐만 아니라, 그 고백을 통

해서 자신의 삶을 전환시키려는 강한 욕구 혹은 기대가 있다"고 인정하면서, 이처럼 "불륜의 사랑의 정화(淨化), 자기와 타자의 구제"를 지향하는 작품에서 그가 몸담았던 "기독교의 흔적을 보아도 좋다"고 평한다. 그러면서도 다케다는 도손의 고백을 "신 부재의 고백"(神不在の告白)이라고 규정한다.[15] 도손에게 있어서 고백은 신 앞에(*Coram Deo*) 선 존재로서의 인간이 신에게 자신의 모든 것을 내어놓는 고백이 아니라, 자신이 보냈던 허위 생활에 종지부를 찍고, 세간의 비난을 완화해보려는 시도라는 말이다. 하지만 도손의 고백을 '신 부재의 고백'이라고 부를 수 있다면, 이 경우의 '신'은 어떤 신인가라는 것이 우리에게 돌아오는 물음이 될 것이다.

도손은 『신생』의 제2부에서 스테키치와 그의 조카딸 고마코를 모델로 한 인물인 세츠코(節子)의 관계를 중세의 수도사이자 천재적 신학자였던 아벨라르와 그의 제자이자 연인이었던 엘로이즈의 관계에 의탁하고 있다. 그리고 수도사처럼 "일체 모든 것을 소유하였으면서도 아무것도 가지지 않았던 사람들의 비애(悲哀)" 속에서 스테키치로 하여금 "모든 것을 버려서 달리 잃어버릴 것도 없는 몸이지만"(捨てはてゝ身はなきものと思へども)이라는 '옛사람'의 노래를 읊조리도록 하고 있다. '옛사람'이란 다름 아니라 승려였고 표박의 시인이었던 사이교(西行, 1118~1190)였다. 도손은 사이교를 흠모하여 사이교가 머물렀던 요시노(吉野) 산을 방문한 적도 있었다. 도손이 인용하는 와카(和歌)는 사이교의 것이라고 전해져 내려오는바, 이 와카는 "이렇게 눈이 내리는 날이면 춥기조차 하구나"(雪のふる日はさぶくこそあれ)로 끝을 맺는다.[16] 세속을 멀리한 사람도 몸에 스며드는 추위라는 엄연한

현실 한가운데 있고, 거기에 세속과 탈속(脫俗)의 모순적 동일성이 있다는 의미로 새길 수 있다면, 이 와카는 도손이 처한 현실을 여실히 드러내준다고 하지 않을 수 없을 것이다. 그리고 그러한 모순적 동일성을 직시하는 곳에서 '새로운 사랑의 세계'가 열린다.

새로운 사랑의 세계가 기시모토 앞에 전개되었다. 부끄러워하고 부끄러워해도 다 부끄러워할 수 없는 것처럼 여겨졌던, 아무래도 길이 될 수 없는 추한 관계의 밑바닥으로부터 이렇듯 성실함을 길어 올릴 수 있다는 것은 기시모토의 정신에 용기를 부어주었다. 이제부터 그에게는 지금까지는 알 수 없었던 힘이 주어졌다.

도손은 『봄』의 말미에서 스테키치의 입을 빌려 "아아, 나와 같은 것도 어떻게 해서든지 살고 싶다"고 외치고 있는데, 이는 절망의 질곡(桎梏)에서 '새로운 사랑의 세계'를 대망하는 자의 절규일 것이다. 여기에서 우리는 도손의 '나의 그리스도', 즉 '시적인 인격의 환영'으로서의 그리스도가 도손에게 심어놓은 '신생'에의 희구를 읽어낼 수 있다고 여겨진다.

기타무라 도코쿠와
'내부적 생명' 으로서의 그리스도

"우리 생명이신 그리스도께서 나타나실 그때에
너희도 그와 함께 영광 중에 나타나리라."
_ 골로새서 3:4

"우리 생명이신 그리스도께서 나타나실 그때에
너희도 그와 함께 영광 중에 나타나리라."
_ 골로새서 3:4

번역어로서의 '연애' (戀愛)

    일본을 비롯한 아시아의 여러 나라가 근대화의 길을 걷기 시작하면서 수행하지 않으면 안 되었던 과제의 하나는 처음으로 조우하는 서구의 종교적·사상적 개념들을 한자(漢字) 문화권에서 의미를 지닐 수 있는 용어로 번역하는 일이었다. 메이지 시대에 이루어진 번역어 연구의 제일인자로 평가되는 야나부 아키라(柳父 章)는 그의 『번역어 성립사정』(翻譯語成立事情)에서 '사회', '개인', '근대', '존재', '자연', '권리' 등의 용어가 각각 society, individual, modern, being, nature, right를 번역하기 위한 조어(造語)로서 혹은 한문의 고전에서 채용된 용어로서 사용된 과정과 그 배경을 흥미롭게 정리하고 있다.

    야나부에 의하면 '연애'(戀愛)라는 용어도 영어의 love나 불어의 amour를 일본어로 옮기면서 등장한 번역어이고, 따라서 그것은 서구에서 전래된 '외래'〔舶來〕의 관념이라는 것이다. 그에 의하면 일본에는 '연'(戀)과 '애'(愛), '정'(情)과 '색'(色)이라는 관념은 있었지만,

'연애' 라는 관념은 없었다는 것이다.[1] 그런데 외래어로서의 '연애' 를 논하는 과정에서 우리는 메이지 일본이 낳았던 천재적 사상가이자 문학자였던 기타무라 도코쿠를 만나게 된다. 잠시 야나부의 주장을 따라가 보기로 하자.

'연애' 라는 말의 사용과 관련해서 야나부는 여성 교육의 선구자였던 이와모토 요시하루(嚴本善治, 1863~1942)에 주목한다. 이와모토는 기독교 휴머니즘에 입각하여 자유주의적이고 이상주의적인 여성 교육 사상을 전개하고 실천하였던 인물이었다. 그가 1885년에 창간한 《여학잡지》(女學雜誌)는 여성 교육의 문제를 비롯하여 여성의 직업적 자립, 폐창(廢娼), 사랑에 기초한 일부일처제와 그에 근거한 근대적 가정관 등 여성의 지위 향상을 위한 폭넓은 주장을 전개하였다. 《여학잡지》는 《문학계》의 창간으로 이어졌는데, 시마자키 도손, 기타무라 도코쿠 등이 이 잡지를 중심으로 활발히 활동하면서 이른바 메이지 낭만주의 문학의 거점이 되기도 하였다. 이와모토는 1885년 기무라 구마지(木村熊二)에게 세례를 받았고, 구마지가 메이지여학교를 창설할 때 발기인으로 동참하였는데, 구마지는 앞장에서 논하였던 시마자키 도손에게 세례를 주었던 인물이기도 하였다.[2]

이러한 이와모토가 1890년(메이지 23년) 10월, 자신이 펴내던 《여학잡지》에 『골짜기의 하늘나리』(谷間の姫百合)라는 번역 소설에 대한 평을 게재하면서 'love' 를 '연애' 라는 말로 옮겼던 것이다.[3] 그리고 다음에 인용한 글처럼 이와모토의 주장에는 '연애' 를 지순한 것으로 보는 이와모토의 사상이 그대로 반영되어 있으니, 그에게 있어서 "연애는 신성한 것"(戀愛は神聖なるもの也)이었다.

(이 작품에) love(연애)라는 말이 등장하지만, 필자(＝이와모토)는 그것을 '연'(戀)처럼 '불결한 생각을 연상시키기에 충분한 일본의 통속적 문자'와는 다르다고 생각한다. love와 '일본 통속'의 '연'(戀)은 다르다. 바로 여기에 love에 해당하는 새로운 말을 만들어낼 필요가 있고, 그것이 다름 아닌 '연애'인 것이다. 이 '연애'를 근본으로 해서 생각해본다면, '연애'는 '불결한 연상을 일으키기에 충분한' '연'(戀)과는 달리, 상등(上等)이고 높은 가치를 지녔다고 하겠다. 그 차이라고 하는 것은 '연애'가 '깨끗하고 올바르게' '깊이 영혼(소울)으로부터 사랑한다'는 의미를 지니고 있기 때문이다.[4]

이와모토가 love의 번역어로 연애가 적합하다는 자신의 주장을 뒷받침하기 위해 인용하는 『골짜기의 하늘나리』의 부분은 다음과 같다. 혼동을 피하기 위해서 한마디 부언하자면, 이와모토는 『골짜기의 하늘나리』의 번역자가 love를 '연애'가 아닌 '연'이라고 옮기면서도 그 본래의 의미를 살렸다고 보았고, 이를 "감탄해야 할 바이자 납득하기 힘든 경우"라고 이중적인 의미로 평하고 있다.

나의 목숨은 그 연(戀)으로 지금까지 유지되고 있습니다. 연(戀)은 나의 목숨이고 나는 그 밖에 아무런 즐거움도 원치 않습니다. (중략) 당신은 실로 한 남자의 마음을 산산이 부수어 놓았습니다. 한 남자의 일생을 형태도 없이 만들어버렸던 것입니다.

이 문장을 예로 거론하면서 이와모토는 일본의 남자가 여성을 사랑하는 경우에는 극히 피상적인 것에 그치기 때문에 여성을 "영혼(소울)으로부터 깊이 사랑하는 일은 없다"고 덧붙인다. 다시 말해 종래의 '연'이라는 개념은 단지 '살갖과 육체'라는 외부적 동기에 의해 움직이는 '통속적' 개념인데 반해서, 본래적 의미에서의 사랑은 "영혼으로부터 깊이 사랑한다"는 내적 동기와 본질을 지닌다는 것이다. 이러한 이와모토의 사상이 전개되던 《여학잡지》가 지극히 남성 중심적인 당시의 사회에 있어서 하나의 저항적 중심점을 형성하였음은 어렵지 않게 짐작할 수 있다.

기타무라 도코쿠는 이와모토의 이러한 저항 정신을 이어받으면서 등장하였다. 자유민권운동에 참가하는 등 당시의 봉건적 사회 체제에 대한 저항의 기치를 들었던 도코쿠에게 있어서 '연애'는 외부 세계를 향한 그의 저항이 내면적인 깊이를 획득하게 되는 계기였고, 나아가 그러한 내면화의 응축이기도 하였다. 도코쿠가 1892년에 《여학잡지》에 발표한 「염세 시인과 여성」(厭世詩家と女性)의 모두(冒頭)를 장식하는 다음과 같은 유명한 문장은 이러한 맥락에서 읽혀진다.

연애는 인생의 비밀을 푸는 열쇠[秘鑰]다. 연애가 있고서야 인생이 있는 것이니, 연애를 빼버린다면 인생에 무슨 빛깔과 맛이 있으리요.[5]

동시대의 문학자였던 시마자키 도손에게 다대한 영향을 주었고, 메이지 시대 낭만주의의 한 획을 긋는 계기가 되었던 이 문장은 "실로 대포를 발사한 것과 같았다. 이처럼 진지하게 연애에 파고든 언어는 우리나라에서는 처음 있는 일이라고 여겨진다"는 기노시타 나오에(木

下尚江, 1869~1937)의 코멘트가 말해주듯이, 새로운 시대의 도래를 알리는 전령(傳令)이었던 것이다.

도코쿠가 「염세 시인과 여성」을 "연인의 사랑이 파경을 맞아 헤어짐은 두 사람에게 영원한 겨울밤을 주는 것과 같으리"라는 시인 바이런의 구절로 마무리하는 것에서도 알 수 있듯이, 도코쿠가 말하는 '연애'는 일차적으로 남녀 간의 사랑임에 틀림없다. 그러나 도코쿠에게 있어서 연애의 본질은 단순히 '춘심'(春心)이 발동한 남성과 여성 사이의 일을 뛰어넘어서 지순무구(至純無垢)의 관념으로까지 비상(飛翔)하는 바에 있었다.

춘심(春心)이 발흥함과 동시에 연애가 생겨난다고 말하는 옛 사이비 소설가는 인생을 멸시하고 인생을 자신의 비루(卑陋)한 이성 속에 축소시켜버리는 독폐(毒弊)다. 연애는 무릇 단순한 사모(思慕)가 아니요, 상세계(相世界)와 실세계(實世界)의 투쟁에서 상세계의 패장(敗將)을 가두어두는 아성(牙城)이 되는 것이니, 이것이야말로 연애일진저.

도코쿠에게 있어서 연애는 우리의 시야를 "투명하게 만들어주어서 미의 참됨을 꿰뚫어볼 수 있게 해주는" 바의 것이니, 연애가 없는 세상은 마치도 '타인'처럼 메말라버린 낯선 세계가 되고 만다. 연애가 있고 나서야 비로소 "사물에 대한 연민〔あはれ〕, 풍물(風物)의 광경"도 생겨나게 되는 것이니, 연애를 통해서 우리는 "가(假)를 떠나 실(實)로, 남의 집으로부터 자기 집으로 옮겨갈 수 있는 것이다." 마치 플라톤이 '신성한 광기'로서의 사랑(eros)이 동굴과 같은 세계에 갇혀 있는 우리를 영원한 이데아의 세계로 비상시켜준다고 말했던 것처럼 말이다. 그러므로 궁극적으로 "연애는 우리의 '자기'(己れ)를 비추어내는 맑은 거울〔明鏡〕"인 것이다. 이런 점에서 '연애'는 가(假)로서의 현실을 비판, 부정하는 계기를 내포하는 규범이 되는 것으로 궁극적으로는 신에 대한 사랑과 통한다 하겠다. 도코쿠가 "무릇 연애는 모든 애정의 시작이다"(「歌念佛を詠みて」)라고 말하는 것은 이런 의미에서다. 연애는 남녀 간의 사랑이나 형제간의 우애 등 일체의 사랑이라는 행위의 아르케(arche)가 되는 것이다.

그런데 남녀 간의 사랑의 밑바탕에 있는 연애에 이러한 지순성과 고도의 관념성을 부여했던 도코쿠의 사상 근본에는 시대에 대한 저항 정신의 밑바탕을 흐르는 '생명'에 대한 자각이 자리 잡고 있으며, 이 모든 것의 전거를 그는 기독교 신앙으로부터 흡수하였다. 도코쿠의 문학과 사상을 이해하기 위해서 '기독교인으로서의 도코쿠'를 논구하지 않으면 안 되는 소이가 바로 여기에 있는 것이다.

'마음의 비밀스런 궁전'과
'생명' 이신 그리스도

근대 일본의 문학자들 가운데 요절한 이들이 많지만, 시인이자 문예 평론가, 그리고 일본 근대 낭만주의의 선구자로 평가되는 도코쿠가 지상에서 살다 간 시간은 25년에 불과하였다. 그러나 그토록 짧았던 그의 인생에도 불구하고 그는 "극동(極東)의 어두운 밤하늘에 큰 빛을 남기고 흘러간 혜성"으로 후인들에게 기억되고 있고, 그가 남긴 글들은 "천재적 섬광으로 가득 차 있는" 것으로 높게 평가되고 있다.[6]

도코쿠의 본명은 몬타로(門太郎)로 그는 메이지 유신이 일어났던 1868년 가나가와현(神奈川縣)에서 대대로 번의(藩醫)를 지내던 가문에서 태어났다. 도코쿠는 그의 필명으로 그가 상경하여 다니던 다이메이소학교(泰明小學校)가 있던 스키야바시(數寄屋橋)의 '스키야'를 같은 발음을 낼 수 있는 한자로 바꾼 것이었다.(透谷는 음독(音讀)하면 도(透)코쿠(谷), 훈독(訓讀)하면 스키(透)야(谷)가 된다.) 훗날 그가 세례를 받고 다니던 교회의 이름도 스키야바시교회였다.

도코쿠가 메이지 유신이 일어났던 해에 태어나 청일전쟁이 발발한 1894년에 스스로 생을 마감하였다는 사실은 그가 문자 그대로 폭풍우와 같은 격동의 시대를 온몸으로 부딪치며 살다 갔음을 그 무엇보다도 직설적으로 말해준다.

그는 당시 일본 사회에 요동치던 자유민권운동에 자극받아 정치가로 입신하려는 뜻을 세우고 1883년 도쿄전문학교(현재의 와세다대학) 정치과에 입학하였다. 도코쿠가 아내 미나코(美那子)에게 보낸 편지에서 밝히고 있듯이, 그의 전반생은 "감연히 일어나 자유를 위해 희생하기를" 각오하고, "영웅호걸의 기풍을 흠모하여 자나 깨나 그 일만을 골똘히 생각하고, 언제나 자신 한 몸을 이들 영웅의 지위에 올려놓기를 바라"고 "정치가가 되기를 지망"하는 이른바 "야망"(Ambition, アンビション)에 사로잡혀 있던 시기였다.

하지만 도코쿠는 1885년에 일어났던 오사카 사건(大阪事件)을 계기로 사회 운동에서 물러난다. 오이 겐타로(大井憲太郎)가 중심이 되어

일어난 오사카 사건이란 조선에 건너가서 개혁파인 김옥균 등의 독립
당(獨立黨)을 지원하고, 이의 영향으로 일본 국내에도 입헌 체제를 구
축할 것을 도모하였던 운동이었다. 도코쿠는 거사를 위한 자금을 조
달하기 위해 마을의 창고를 습격할 계획을 수립했다는 소식을 듣고
깊은 회의와 절망에 빠진 나머지 운동을 단념하게 되었던 것이다. 이
들은 폭탄을 제조하는 등 과격한 양상을 띠었지만, 계획은 사전에 발
각되어 거사는 무위로 끝나고 말았다. 이미 언론과 집회, 결사(結社)
등의 조직 운동이 탄압을 받고 있던 시기였기 때문이다. 이처럼 국내
외의 정황을 지배하는 봉건적 속성(권력 지상주의, 생명 경시, 민중 멸
시, 비합리와 비논리 등)이 도코쿠와 같은 민권파의 청년들에게 비분강
개(悲憤慷慨)를 불러일으키고, 그들의 지사적 저항을 이끌어내었음은
어렵지 않게 짐작할 수 있으나, 도코쿠는 이러한 사회적 저항 운동으
로부터 '질적인 전환'을 감행하기에 이른 것이다.

　이러한 '질적인 전환'은 '인간의 근본 조건'에 대한 그의 예리한 자
각을 통해서 이루어졌다. 그가 자각한 인간의 근본 조건이란 "물고기
들처럼 어두움 속에 서식하면서 어두움 속을 방황하고, 춥고 먹을 음
식도 부족한 세상을 보내는 인간", "집도 없고 도움받을 곳도 없이 폭
풍우에 괴로워하면서 겨우겨우 50년의 세월을 밟아 나가는 자"(「時勢
に感あり」)로서의 인간에 대한 자각을 의미한다. 이 구절은 도코쿠가
당시 사회의 최하층민들이 처한 모습과 그들에 대한 연민을 묘사한
것임과 동시에, 보다 넓은 의미에서 본다면, 모순과 갈등으로 가득 찬
이 세계라는 '뇌옥'(牢屋)에 갇혀 있는 인간의 보편적 현실을 지칭하
는 것으로도 받아들여질 수 있는 것이다.[7]

이로카와(色川大吉)가 자문하고 있듯이, "도코쿠는 자유민권운동에 직접 참가하였던 단 한 명의 근대 작가"였지만 "도코쿠만이 유일하게 자유민권운동의 정신을 내면화하는 데 성공하여, 메이지 20년대에 있어서 근대 사상가로 자립할 수 있었던 비밀은 어디에 있었을까?"[8] 이 물음은 실은 우리의 물음이기도 한데, 방금 언급하였던 '질적인 전환'의 계기와 내용을 묻는 것도 바로 이 점에서 시작한다.

이러한 '질적인 전환'을 이해할 수 있는 '비밀'은 메이지 20년(1887년)에 도코쿠가 이시사카 미나코를 만나 연애를 경험하고 기독교에 입신하였다고 하는 사실에서 찾을 수 있다. 도코쿠는 1885년 여름, 자유당(自由黨) 소속이면서 가나가와현 의회의 의장이었던 이시사카 마사타카(石坂昌孝)의 장녀였던 미나코와 만났다. 자신의 몸과 마음을 바쳐 헌신하고자 뛰어든 사회 운동에 실망하였던 도코쿠는 한때 미나코와의 결혼도 단념하고 철저한 고립무원의 상태에 빠져 있었으나, 그러한 절망의 심연에서 그는 "놀라운 홍수와 같은 격정으로 신에게 감사하고, 신에게 귀의할 것을 결심"하게 되었다. 당시 도코쿠의 심경을 이로카와는 다음과 같이 묘사한다.

일찍이 그에게 있어서 모든 것이었던 '정치'는 그 허식을 벗고 사라져 버렸다. 그를 꿰뚫고 있었던 '야망'(ambition)은 해부되었고, 그를 사로잡고 있었던 장년의 남성 의식도 철저하게 부정되었다. 민권운동의 내부에 있었던 어두운 면이 이제 그 스스로에게 있어서 비판대 위에 서게 된 것이다. 그의 비판은 준엄한 자책과 자기 부정을 통해 민권가의 사유 양식의 근저에까지 이르게 되었다. 실사회에 대한 그의 언어는 아이러니를 넘어서 일시적으로는 시니시즘으로 기울어진 적도 있었다. 그래서 오직 그의 관심은 열려진 생명과 사랑과 은혜의 내면세계를 향하게 되었다.[9]

　요컨대 "세상을 위해 봉사하고 백성을 위해 진력한다"는 도코쿠의 초기 관심은 "물고기들처럼 어두움 속에 서식하면서 어두움 속을 방황하고, 춥고 먹을 음식도 부족한 세상을 보내는 인간"에 대한 자각을 거쳐, 그가 "참된 신의 가르침을 가지고 중생을 구원하고자 하는 귀한 여인"이라고 불렀던 미나코와의 만남에 의하여 신을 위한 봉사에로 인도되었던 것이다. 미나코는 교육을 통해서 복음의 전도를 지향하였던 요코하마공립여학교(橫濱公立女學校) 출신이었으며, 그녀에게 있어서 신앙은 죽음의 공포로부터 우리에게 삶에의 확신을 부여해주는 바의 것이었다. 미나코는 요코하마해안교회(橫濱海岸敎會)의 신도였고, 결혼 당시 도코쿠는 19세, 미나코는 23세였다.

　미나코와 결혼한 후 도코쿠는 1888년 3월 일본기독일치교회(日本基督一致敎會)의 스키야바시교회에서 세례를 받았다. 또한 그는 프렌드파 선교사인 조지 브레이스웨이트의 통역자와 번역자로 활동하였는데, 절대평화주의를 신봉하는 퀘이커교도의 선교 활동에 참여한 일은 도코쿠의 사상 형성에도 큰 영향을 미치었다. 도코쿠는 1892년에 프렌드파 회원들이 중심이 되어 창간한 《평화》(平和)의 주필로도 활약하였는데, 《평화》는 일본평화회(日本平和會)의 기관지로 일본 최초의 반전 평화 잡지였다. 또한 1893년 3월에는 《성서지우》(聖書之友)의 편집자가 되었고, 그해 4월에는 신조와 신앙 고백을 중요시하던 일본기독일치교회에 속해 있던 스키야바시교회를 떠났다. 그렇게 제도나 신조

의 속박으로부터 벗어나 다만 기독교인이라는 사실 자체를 근거로 교회를 형성하고자 한 사람들이 구성한 아자부크리스찬교회(麻布クリスチャン教會)로 교적을 옮겼다. 이 교회에서 도코쿠는 선교사들의 일본어 교사로 지내며 통역과 번역 활동, 전도 활동 그리고 교회 내에서의 시편 강의 등을 맡으면서 전도자로서의 생애를 보내게 된다. 나아가 부속 신학교의 교사를 역임하고 전도 여행을 떠나는 등 신앙 활동에 헌신하였다. 이 점에서 도코쿠는 한때 교회에 적을 두었다가 교회를 떠나갔던 당시의 많은 문인들과 차이를 보이고 있다.[10]

이를 계기로 문학가로서의 도코쿠의 활동도 더욱 활발해진다. 그는 운율(韻律)을 갖춘 시극(詩劇)인 『봉래곡』(蓬萊曲)을 1891년에 집필한 것을 시작으로 이듬해인 1892년에는 「염세 시가와 여성」(厭世詩家女性), 「나의 뇌옥」(我牢獄), 「각 사람의 마음 궁전 속에 있는 비밀스런 궁전」(各人心宮內の秘宮), 「심기묘변을 논함」(心機妙變を論ず) 등 '유심적(唯心的) 탐구'로 분류될 수 있는 길에 매진하게 된다.

이러한 내면세계에 대한 철저한 응시는 자신의 진실한 자아를 찾아 세간을 버리고 유랑 길에 나선 주인공 야나키타 모토(柳田素雄)가 영산(靈山)인 봉래산(蓬萊山)에 올라 고백하는 다음의 구절에서도 찾아볼 수 있다. 로마서 7장에서 바울이 자신의 분열된 내면을 응시하면서 내뱉는 고뇌에 찬 신음이 봉래산에도 울려 퍼지는 듯하다.

생각해보면 나의 내면에는 반드시 조화를 이루고 있다고는 할 수 없는 두 가지 본성이 있는 듯하니,
하나는 신성(神性), 또 하나는 인성(人性)

이 둘이 나의 내면에서

잠시도 쉬지 않고 싸우면서, 내가 죽어 생명이 다하는

그때까지, 나를 병들게 하고 핍절(乏絶)케 하고 괴롭게 한다.

나의 과거를 곰곰이 되돌아보면

빛과 어두움이 교차하여

나의 내면에서 나와 함께 자라가고,

이 두 가지가 서로서로 주권(主權)을 다투니

강력한 무기를 갖추고서,

언제 끝날지 모르는 긴 미움을

만들어내고 있네.[11]

앞에서 도코쿠의 퀘이커 신앙과의 만남에 대해서 언급하였지만, 이 퀘이커 신앙은 교리와 제도에 얽매이지 않고 명상과 침묵 속에서 인간 정신과 신과의 직접적이고 밀접한 만남을 근저로 하는 신앙 형태였다. 우리는 도코쿠가 그의 「각 사람의 마음 궁전 속에 있는 비밀스런 궁전」에서 "마음을 맑은 거울[明鏡]로 삼고, 마음을 판단자로 삼으며, 마음을 가지고 성경에서 가르치는 바를 행한다"고 기술하는 바에서 퀘이커 신앙이 도코쿠에게 미친 영향을 읽어낼 수 있다. "진리는 실로 다면[多側]이다. 신의 얼굴은 하나지만, 그것을 보는 자의 눈에 의해서 다양하게 보일 수 있는 것이다"라고 기술하는 바에서는 오늘날 거론되는 종교 다원주의 신학을 위한 가능성마저도 읽어낼 수 있는 듯이 보인다.[12]

마음에 궁전이 있고, 그 궁전 속에 또 다른 비밀스런 궁전[秘宮]이 있다. 첫 번째 궁전은 사람들이 와서 볼 수 있지만, 비밀스런 궁전에는 각 사람들이 열쇠를 채워놓아서 쉽게 접근할 수 없다. 그 첫 번째 궁전에서 사람들은 처세(處世)를 위한 길을 강구하고, 그 희망과 그 생명의 표백을 이루지만, 두 번째의 비밀스런 궁전은 언제나 명상에 잠겨 있고 무언(無言)이어서, 세상의 대시인이라도 그곳에 돌입할 수 없다.

지금 세간의 진리를 추구하고 덕을 닦는 자들을 보건대, 첫 번째 궁전은 언제나 열려 있어서 진리의 위력을 발하지만, 두 번째 궁전은 굳게 닫혀 있어서 진리를 찾아 그 문전에서 서성이는 자들이 많이 있다. 첫 번째 궁전에 들어가는 문은 넓지만, 두 번째 궁전에 들어가는 문은 좁다. 첫 번째 궁전에서 들어갈 수 있는 진리는 아직 사람들을 살리는 것이 되지 못하고, 또한 죽일 수 있는 것도 되지 못한다. (중략) 복음이란 무엇인가? 구원이란 무엇인가? 갱생이란 무엇인가? 이를 가벼이 멸시하고, 조롱하며 헛되이 설하고 헛되이 논하고 헛되이 행하며 헛되이 생각하는 것은 첫 번째 문까지는 발을 들여놓게 하여도 두 번째 문을 굳게 잠가버리는 바의 것이 되고 만다. 가장 우스운 것은 오늘날의 선교사라는 무리들이 '복음'이라는 자구(字句)에 신력(神力)이 있다고 믿는 것이다. (중략)

세례를 베푸는 것이 잘못된 것은 아니지만 세례를 가지고 그리스도의 제자가 되기에는 모자란 것이 있다고 하여도 크게 잘못된 것은 아니다. 마음을 가지고 그리스도를 명상하면서 교제할[冥交] 때, 그는 무상(無上)의 영광스러운 그리스도의 제자가 된다. 세례를 베푸는 것이 나쁜 것이 아니나, 세례를 베푸는 것으로 해서 바로 그리스도의 제자가 된다고 생각하는 것은 너무나 미숙한 생각이니, 무릇 마음의 그리스도와 통할 때, 즉 마음이 그리스도의 물에 잠길 때, 다시 말하면 바울이 말하는 이른 바 불의 세례를 받을 때야말로, 참으로 그리스도의 제자가 될 수 있다. 따라서 마음 깊은 곳에 있는 비밀스런 궁전이 열려서 성령의 타오르는 불 속으로 돌진해 들어가는 순간, 우리는 그리스도의 제자가 될 수 있는 것이다.[13]

도코쿠는 「그리스도는 우리의 생명이다」(基督は吾等が生命なり)라는 글에서 "우리 생명이신 그리스도께서 나타나실 그때에 너희도 그와 함께 영광 중에 나타나리라"(골로새서 3:4절)라는 성서 구절을 모두에 인용하면서 이에 대해 다음과 같이 설명한다.

그리스도만이 기독교 신자의 참된 생명이다. 참된 생명이 있는 신자 속에는 살아 있는 그리스도가 없어서는 안 된다. 그를 감응(感應)해서 모든 행위에서 선을 이루는 것, 그리스도로 말미암아 힘이 있고 진실한 사람이 될 수 있는 것도, 실로 그리스도라는 생명의 근원이 있으면 되는 것이다. 평화와 환희도 그리스도에게 있고, 영원의 행복의 원천도 역시 그리스도에게 있다.[14]

도코쿠는 황야에서 방황하던 이스라엘인들의 진영의 중앙에 위치하였던 장막을 예로 들면서 "장막은 바로 그리스도의 모형이다. 이스라엘인들이 장막에 대해서 행했던 것은 기독교 신자가 그리스도에 대해서 행해야 할 것이다"라고 말하고 있다. 장막이 이스라엘인들의 한가운데 있으면서 그들에게 생명과 정체성을 부여했던 것처럼, 우리의 마음속 깊은 곳, 그 중심에 좌정(坐定)하고 있는 그리스도로부터 생명의 강이 흘러나오는 것이다. 도코쿠에 의하면 메이지 일본의 사상계에 서구의 기독교가 지니는 의미는 기독교와 더불어 일본에 수입된 서구 문명에 있지 않고, 인간의 마음속에 내재하는 생명의 자각을 불러왔다는 점에서 찾을 수 있다. 그는 「내부생명론」(內部生命論)에서 다음과 같이 단언한다.

메이지 세계의 사상계에 있어서 새로운 영역을 개척한 예수 일파의 선배들이 한 사업의 궤적을 찾아봄에 있어서 절절히 생각되는 바의 것은, 종교상의 언어로 이른바 생명의 나무(生命の木)를 인간의 마음속에 심어 놓은 것 이외에 그들은 아무것도 하지 않았다는 사실이다.[15]

교리라는 문자나 제도라는 형식을 뛰어넘어 '우리들 마음속의 비밀스런 궁전' 에 살아 있는 '내부적 생명' 으로서의 그리스도에 대한 자각은 당시 사회에 만연하던 사회다윈주의를 비판하는 중요한 사상적 원리가 되었다는 점에서,[16] 그리고 나아가 신앙은 '편협한 실증주의(포지티비즘)' 의 오류를 뛰어넘어 '우주의 정신 즉 신이며, 인간의 정신 즉 내부의 생명' 임을 자각하는 시적인 '인스퍼레이션' (「內部生命論」)에 상통한다고 보았던 도코쿠의 비전이 현금의 종교 다원주의 신학에 대해서도 시사하는 바가 다대하다는 점에서, 우리는 도코쿠의 사상이 지닌 현대성과 보편성을 읽어낼 수 있다고 하겠다.[17]

하지만 도코쿠의 몸과 마음을 덮쳐오던 현실은 이 다감(多感)한 천재적 사상가가 감당하기에는 너무나도 거칠고 냉혹하기만 하였다.

1893년 점점 깊어지는 병과 씨름하던 도코쿠는 12월 27일에 자살을 시도하였으나 미수에 그쳤다. 그러나 다음 해인 5월 16일 새벽, 홀로 숲에 들어간 그는 '뇌옥'과 같은 이 세계를 영원히 벗어나고 말았다. 그가 아내 미나코에게 남긴 편지에는 "눈물과 한이 많았던 가난한 시인은 이 세상에서는 받아들여지지 못하였으나, 세상에 받아들여지지 않는 것을 만들어내기 위하여 평생 각고(刻苦)의 노력을 기울여 세상과 싸우고자 하였다"고 쓰고 있다. 도코쿠가 「최후의 승리자는 누구인가」(最後の勝利者は誰ぞ)라는 글을 마감하면서 썼던 다음 구절을 보면 평화주의를 신봉하는 자유민권운동가였고 사상가였으며, 무엇보다도 그리스도 안에 내장(內藏)되어 있는 영원한 생명을 직시하였던 신앙인으로서의 도코쿠의 고백이 들려온다고 하겠다.

오라, 우리 함께 그리스도의 깃발 아래 모이자. 우리의 최후의 승리자를 따라 우리의 분규와 전쟁의 무대를 철거시켜버리자. 평화는 우리가 그리스도에게서 영유(領有)하는 최후의 무기다.[18]

무샤노코지 사네아쓰의
'가장 위대한 형제' 로서의 예수

"너희는 먼저 하느님의 나라와 하느님께서
의롭게 여기시는 것을 구하여라."
_ 마태복음 6:33

"너희는 먼저 하느님의 나라와 하느님께서
의롭게 여기시는 것을 구하여라."
_ 마태복음 6:33

'이 사람을 보라'

예수[耶蘇]는 태어났다 오늘,

예수는 태어났다 오늘,

신과 같은 사람은 태어났다 오늘,

그의 일생은 길지 않았다,

그의 일은 3년 안에 이루어졌다고 전해져 온다.

그러나 그 사람이야말로

마음이 깨끗한 사람

하느님의 나라와 그 의를

굶주리고 목마른 듯이

구했던 사람이었다.

그 사람보다 더욱더 하느님의 나라를 구하는 것은

사람에게는 허락되지 않으리.

그는 인간에게 허락된 극한까지

하느님의 나라를 구하였던

두렵고도 순수한 남자였다.

이 사람을 보라,

이 사람이야말로

지상(地上) 최대의 남자다.

몸을 죽여도 영혼을 살리는 길을 걸어갔던 사나이다.

지상에서의 33년간의 생활,

그 생명은 길지 않았으나

그 사이에 살아 있던 진심(眞心)의 깊이야말로

한이 없었다.

그 남자가 오늘 태어났다.

진심을 철저하게 살려서

하느님의 나라와 그 의를

끝까지 구하다 죽었던

그 남자가 오늘 태어났다.

우리의 빛

우리의 희망이다.

그 남자가 오늘 태어났다.

기뻐해야 할 일이다.

감사해야 할 일이다.

그가 지상에 태어났다는 것은

그가 지상에서 살았었다는 것은.

　　무샤노코지 사네아쓰(武者小路實篤, 1885~1976)의 「예수는 태어났다 오늘」(耶蘇は生まれた今日)이라는 시의 전문이다.[1] 무샤노코지가 "이 사람을 보라"(*ecce homo*)(요한복음 19:5)라고 하면서 가리켰던 예수는 그에게 있어서 뿐만 아니라 근대 일본의 지성계에 다대한 영향을 끼쳤음은 재언의 여지가 없다. 기독교 작가들에게 예수는 그들의 신앙의 대상으로서 탐구와 묘사의 대상이 되었거니와, 설령 기독교와 연을 지니지 못했던 다수의 문인들에게도 예수의 가르침과 성서는 그들의 사상 형성에 무시할 수 없는 족적을 남겨놓았던 것이다. 그들 중 일부는 성서를 남달리 탐독하고, 성서에 기록된 예수의 삶과 사상에 감명을 받아 나름대로의 '예수전(傳)'과 성서 이해를 작품으로 남겨놓기도 하였다. 『야소』(耶蘇)를 썼던 무샤노코지 사네아쓰도 기독교인이 아니면서 예수에 대해 무한한 동경을 품었던 일군(一群)의 작가 계열에 속하는 인물이었다.

　　무샤노코지 사네아쓰는 1885년 도쿄 고우지마치(麴町)(현재의 지요다구(千代田區))에서 에도 시대 이래 국정을 담당해오던 구교(公卿)의 직위를 지닌 가문에서 태어났다. 가쿠슈인(學習院)에서 고등과(高等科)까지의 전 과정을 마친 그는 1906년 도쿄대학 철학과에 입학하였으나 이듬해에 중퇴하고 말았다. 그는 1910년 아리시마 다케오(有島武郞), 시가 나오야(志賀直哉, 1883~1971), 야나기 무네요시(柳宗悅, 1889~1961) 등과 함께 문예 잡지 《시라카바》(白樺)를 창간하였으며, 유토피아적인 사회를 꿈꾸면서 1918년에 미야자키현(宮崎縣) 고유군(兒湯郡)에, 1938년에는 사이타마현(埼玉縣) 이루마군(入間郡)에 각각 '새로운 마을'(新しき村)을 건설하였다.

무샤노코지의 자서전적인 소설인 『어떤 남자』(或る男)에 의하면—
《개조》(改造)에 1921년(다이쇼 10년)부터 2년에 걸쳐 연재되었던 이
작품에서 무샤노코지는 자기 자신을 '그'(彼)라는 삼인칭으로 부른
다—"그의 집은 특별히 정해진 종교를 믿지는 않았다." 근처에 있는
절의 스님이 그의 집을 종종 찾아왔지만, 스님에 대해서 존경심은커
녕 경멸하는 마음을 품고 있었다고 그는 쓰고 있다. 더욱이 "그의 부
친은 진보주의자여서 그다지 종교적인 방면에 대해서는 생각하지 않
았다."

이러한 무샤노코지였으나 그는 19살이었던 1903년(메이지 36년) 여
름, 숙부를 통해서 성서와 톨스토이를 처음 알게 되었다. 당시 사업에
실패하여 파산한 후, 물질적인 생활을 멀리하면서 금욕적인 반농(半
農) 생활과 독서 생활에 몰두하고 있었던 숙부는 성서와 불경 등을 열
심히 읽었으며, 아울러 톨스토이의 책도 여러 권 읽으면서 물질적 욕
구를 뛰어넘어 정신적인 삶에 몰두하고자 하였다.[2] 무샤노코지는 처
음 톨스토이를 접했을 때 그다지 큰 감동을 받지는 않았으나, 약 1년
반 후, 그는 "톨스토이를 참으로 사랑하게 되었다." 자신이 성서와 예
수를 접하게 된 경위에 대해서 무샤노코지는 다음과 같이 쓰고 있다.

그는 그해 여름방학에 처음으로 성서를 읽었다. 처음에 그는 예수가 싫
었다. 숙부의 집에는 곧잘 목사가 찾아오곤 하였다. 시오 리 정도 떨어진
미사키(三崎)로부터 오는 것이었다. 그는 목사를 경멸하는 게 자신의 애
국심을 드러내는 것이라고 여겼다. 그래서 숙부에게 곧잘 예수를 비판하
는 말을 하였다. "읽어보지도 않고 비판을 하는 건 헛일이야"라고 어느

날 숙부는 말하였다.

'그래, 그렇다면 읽고 나서 비판을 해 보여야지.'

그는 이렇게 생각하고 마태전(馬太傳) 1장부터 읽어나갔다. "바보 같은 이야기다", "이걸 보아"라며 그는 두세 장을 읽고 났을 때 내심 득의만만하였다. 그러나 5장을 읽고 나서는 완전히 감동해버리고 말았다. 이 사람 참 대단한 사람이라는 생각이 들었다.

그로부터 그는 읽으면 읽을수록 예수를 칭송하지 않을 수 없었다. 그러나 목사 그 사람은 꽤나 느낌이 좋은 사람이었음에도 불구하고, 그는 목사와는 거의 한마디 말도 하지 않았다.

톨스토이 이외에도 그가 감동을 받았던 서구의 문필가와 사상가는 입센, 하우프트만, 도스토옙스키와 유럽의 사회주의 사상이었다. 그는 "홀로 서는 사람은 가장 강한 사람이다"라고 보았던 입센에게도 감동을 받아 "입센은 톨스토이 다음으로 그를 기쁘게 하였다"고 말할 정도였다. 일본 국내의 문단과 종교계의 인물로는 "나쓰메 소세키, 도손, (구니키다) 돗보를 사랑함과 동시에 우치무라, (도쿠토미) 로카, 기노시타 나오에 등을 존경하였다. 그 외 아미시마 료오카와(網島梁川)처럼, 종교적인 방면에서 성실하게 활동하는 사람들을 존경하였다."

'새로운 마을'은 무샤노코지의 단편 소설인 「어떤 나라의 이야기」(或る國の話)(1916)에 묘사되어 있듯이 "인간으로 살아가는 의무로서 혹은 그 이상의 것으로 행하는 노동이 존경되는 사회"이며, "인류를 위해서 물질문명을 존경하되, 물질문명을 위해서 인류를 희생시키는 일이 없으며", "외국인과는 전쟁을 하는 일이 없도록 하는" 이상사회

(理想社會)를 꿈꾸면서 건설한 공동체였다. 무샤노코지에 의하면 『새로운 마을의 신앙』(新しき村の信仰)(1920)은 "인류의 진심(眞心)을 통해서 나타나는 힘을 신앙하는 것"이다. 우리는 "언제나 자기 안에 있는 진심을 살리도록 애쓰지 않으면 안 되는 바, 그것이 불가능할 때에는 신의 사랑을 받은 것도 불가능하다"고 그는 잘라 말한다. 『새로운 마을의 신앙』에 의하면 공동체가 추구하는 것은 단순한 "경제 문제 이상"의 일로 "신의 나라와 그 의를 구하는 일이다."

오쓰야마가 정리하고 있듯이, '새로운 마을'이 지향하는 공동체는 그다지 많지 않은 수의 사람들이 기독교의 가르침에 따라 살면서 형제자매처럼 즐겁게 일하는 사회다. 병든 사람을 제외하고는 어린아이들도 농사에 종사하며, 수확의 90퍼센트는 가난한 사람에게 주고, 남는 것을 팔아서 생계를 유지한다. 물질적으로 부족한 것이 없으므로 돈도 소용이 없으며, 모든 것을 공유하기 때문에 훔칠 일도 없는 사회, 그것이 '새로운 마을'이다.[3] 무샤노코지에게 큰 감화를 주었던 톨스토이가 그의 『성서』에서 "하나님을 진정으로 섬기는 사람들이 하늘의 아버지를 성령과 노동으로 예배드릴 때가 왔다"[4]고 썼듯이, '새로운 마을'의 형성은 톨스토이에게 그가 받았던 영향의 결실이라고도 할 수 있다. 비록 무샤노코지와 톨스토이의 관계를 직선적인 인과관계로 연결하는 데에는 문제가 있다고 하더라도, '새로운 마을'의 결성은 그가 말하던 '톨스토이의 힘', 다시 말해 "현대의 인간 생활에 있어서 그 제도가 허위이며, 부정하며, 두려운 것임을 모든 사람들로 하여금 가차 없이 직시하도록 해준" 그 힘의 결과였다.[5]

'가장 위대한 형제'로서의 예수

무샤노코지는 〈나의 삼부작에 대하여〉(自分の三部作について)라는 강연에서 자신이 예수에 대한 글을 쓰게 된 정황을 다음과 같이 들려준다.

예수에 대한 존경심은 제가 톨스토이를 애독했던 때부터 줄곧 품고 있었습니다만, 그것이 더욱 확실하게 느껴져서 매일 예수를 생각하고, 그리운 마음을 가지고 있었으며, 그분에게서 제가 생명과 힘을 받고 있음을 깊게 느꼈습니다. 간단히 말씀드리자면 그때에는 더욱 강력하게 제가 예수를 사랑하고, 그리워했다고 생각합니다. 그렇게 예수를 사랑하는 사랑이 예수에 대해서 쓰도록 나를 움직였던 것입니다. (중략) 그렇게 저는 자신 안에 있으면서도 자신의 존재는 아니며, 자신 안에 있는 하나의 특별한 빛, 지엽 말단을 제거하고서 자신 안의 참으로 순수한 것을 쓰고자 했습니다. 그때부터 저는 지금 이 세계에 있어서 가장 훌륭한 인간으로 존재하며, 과거에 존재했던 사람, 그처럼 훌륭한 사람에 대해서 쓰려고 했던 것입니다.

위의 강연에서도 드러나듯이, 톨스토이가 무샤노코지에게 미친 보다 직접적인 영향은 『야소』라는 작품으로 나타났다. 무샤노코지는 톨스토이가 신약성서의 4복음서를 나름대로 해석하여 『성서』를 펴낸 것에 자극을 받아 사콘 요시스게(左近義弼)의 사역(私譯)인 『신약성서 야소전』(1914)을 바탕으로 하면서 『야소』를 완성하였던 것이다.(『야소』는 1919년 8월호부터 9회에 걸쳐서 잡지 《새로운 마을》에 연재되었고, 1920년 9월에 '새로운 마을 출판부'에 의해서 간행되었다.) 이러한 배경에서 볼 때 당연한 말이겠으나, 이 작품은 "톨스토이의 눈을 통해서 본, 톨스토이적인, 지적이면서 합리적이고, 기적이나 비합리적인 부분을 배제한다고 하는 생각에 기초한 성서의 이해 방식에 철저하였다." 더욱이 무샤노코지는 톨스토이의 "깨끗하라, 사랑하라, 일하라"라는 모토를 신봉하여 '시대의 총아(寵兒)'가 되기보다는 '(그리스도교를 따르는) 신의 총아'가 되기를 원하였던 것이다.[6] 예수에 대한 무샤노코지의 애정과 관심은 『야소』의 서문에서도 읽을 수 있다.

매일 예수를 생각하지 않고 지내는 날이 없다. 나는 예수교에 대해서는 만족할 수 없는 사람, 예수가 말씀하신 대로 생활하는 것을 최상의 것이라고는 생각하지 않는 사람이었다고 생각한다. 그러나 요즈음 드디어 예수의 위대함을 알 것 같은 생각이 들었다. 예수가 말씀하신 것 같은 생활을 하는 게 인간의 이상적 생활이라고 하는 생각이 든다. 인간에게는 그와 같은 생활이 불가능하다고 한다면 어쩔 수 없는 일이겠으나, 그것을 스스로 부끄러워하지 않으면 안 된다. 예수가 말씀하신 대로의 생활이 가능하기에는 자신이 약한 인간임을 알고 있다. 예수의 신은 나의 신이고, 인간의 신이라는 것을 알았다. 예수가 말씀하신 대로 살아가는 것이 신에게 가장 사랑받는 길이라는 걸 알았다. 그것은 실로 신과 함께 있는 것이며, 반석 위에 집을 세우는 것이다. (중략)

예수는 신의 외아들은 아니지만, 가장 사랑받는 아들이다. 적어도 신의 뜻을 가장 잘 알며, 그것을 실현하고, 또 신의 뜻 그대로 살았던 사람이

다. (중략)

　그러나 나는 예수를 믿기보다는 예수의 신을 믿는 사람이다. 내가 여기에 예수에 대해서 쓰는 것은 사실 그 신에 대해서 쓰고 싶기 때문이다. 나의 힘은 부족하오니, 신이여 나를 도와주소서. 저는 언제부터인가 당신을 믿는 사람이 되었나이다.

무샤노코지의 강연과 서문에서도 알 수 있듯이, 그는 예수를 "자신 안에 있으면서도 자신의 존재는 아니며, 자신 안에 있는 하나의 특별한 빛, 지엽 말단을 제거하고서 자신 안의 참으로 순수한 것"이라고 부른다. '자신 안에 있으면서도 자신의 존재가 아닌' 예수는 무샤노코지의 자아에 '특별한 빛'을 비추어주는 존재이지만, 그러한 예수는 "이 세계에 있어서 가장 훌륭한 인간으로 존재하며, 과거에 존재했던 사람, 그처럼 훌륭한 사람"이라는 그의 표현에서도 드러나듯이, 교리와 신앙의 대상으로서의 '신의 외아들'은 아니었다. 그에게 예수는 '신의 외아들은 아니지만, 가장 사랑받는 아들'이었다. 그러므로 예수의 신은 우리의 신도 될 수 있는 것이다. "예수의 신은 나의 신이고, 인간의 신이라는 것을 알았다"는 말은 역으로 예수만이 신을 독점한 것이 아님을 의미한다. 그러나 이로 말미암아 인간에게는 예수의 신에게 다가가 그와 하나가 되는 길이 열린다. 그것은 '예수가 말씀하신 대로 살아가는' 길이다. 그리고 그 길이야말로 '신에게 가장 사랑받는 길'이요, '신과 함께 있는' 길이다. 신의 아들이 되는 것은 "신이 명하는 대로 사는 것"이기 때문이다. 그러므로 중요한 것은 예수를 신으로서 믿는 게 아니라, 예수가 말씀하신 대로 살아가면서 예수의 신에게 사랑을 받고, 예수의 신과 함께 있는 것이다. "하늘의 아버지가 완전한 것처럼 너희들도 완전한 인간이 되어라"라는 구절을 해석하면서 무샤노코지는 "예수는 여기서도 신을 그대들의 아버지라 하고, 나의 아버지라고는 하지 않았다. 모든 사람은 신의 아들이고, 예수가 신의 외아들이 아님을 예수가 가장 잘 알고 있었음에 틀림없다"라고 쓰고 있다. 그러므로 예수를 향한 무샤노코지의 기도는 다음과 같은 것이 되지 않을 수 없었다.

예수여,

그대를 우러러봄으로써 우리는 얼마나 힘을 얻는지요. 그대를 생각해 낼 때마다 감사드립니다. 그대의 마음의 빛이 우리를 지금도 더욱더 환하게 비추고 있습니다. 그것을 올바르게 받아들일 때, 나는 눈물이 납니다. 그대의 진심은 지금도 전 세계에 가득 차 있습니다. 이 조그마한 아우를 불쌍히 여기어, 그대의 줄기에 자신을 연결시키지 않고, 신에게 바로 뿌리를 내리려는 우리의 운동을 후의(厚意)를 가지고 보아주십시오.

나는 아직도 그대의 친구로 말을 건넬 수 없는 작은 자입니다. 언젠가는 그대와 허심탄회하게 말할 수 있는 사람이 되고 싶습니다. 그대가 말하는 바의 진정성을 이 무렵 점점 더 분명하게 알게 되고, 그대가 신의 마음을 알고 있음에 나는 이제 다시금 찬탄과 찬미를 보냅니다. (중략)

그대의 마음을 기억해서 나의 부족함을 매일 반성하고, 형제자매를 더욱 사랑하고, 신의 뜻을 거역하지 않도록, 조금이라도 신의 뜻에 합당하도록 노력하고자 합니다.

가장 위대한 형제여, 나를 도우소서.

"가장 위대한 형제"(最も大いなる兄弟)로서의 예수라는 말은 르낭이 자신의 『예수전』을 끝맺으면서 예수를 "가장 위대한 인간"이라고 불렀던 것을 연상시키기에 충분함과 동시에, 무샤노코지의 『야소』가 교리적으로 형성된 그리스도론으로부터 자유로운 형태를 지님을 말해 주는 가장 분명한 증좌(證左)라고 하겠다. 예수는 신의 뜻에 합당하게 살면서 이웃을 사랑한 '아름다운 마음을 가진 아름다운 사람'이었다.

> 아아, 아름다운 마음을 가진
> 아름다운 사람이여
> 나는 그대를 한없이 사랑하노라.
> (「아름다운 사람」(美しい人間))

　무샤노코지에게 있어서 예수는 철저하게 인간이었고, 신의 뜻과 합일되었던 순간 그는 신이라고 불리기에 합당한 존재였다. 그가 신이라고 불리는 것은 그의 생각과 행동이 신의 뜻에 일치하였기 때문이지, 본래적으로 그가 신이었기 때문은 아니었다. 신이 예수 안에서 힘으로 작용함으로써 예수는 신과 합일하고 신이 된다. "나는 예수를 신이라고는 생각하지 않는다. 결정적인 순간 신과 합일한 사람이라고 생각한다. 어떤 때 예수는 실로 신 그 자체였다. 예수의 말씀은 신의 말씀이다. 그 이상의 말씀은 인간의 입에서 나올 수는 없다고 여겨진다. 이런 말씀이 결정적인 순간, 곧바로 나오는 예수의 마음은 신과 같은 마음이다. 나는 그 깊이, 그 진정성, 그 권위에 놀란다. 그의 안에 신이 나타나지 않는다면, 대체 누구에게 신이 나타난다는 말인가?

그 사람이야말로 신의 아들이고, 독생자라고 말하는 사람의 마음을 알 수 있다. 우리는 지금도 예수의 가르침을 진리라고 생각한다. 신을 사랑하는 것, 이웃을 사랑하는 것, 이 두 가지를 참으로 알고자 하는 사람은 예수의 가르침을 듣지 않으면 안 된다." "이 지상에 신의 나라를 세우고자 하는 이들의 친구"임과 동시에 "이 지상에 신의 나라를 정말로 세우고자 하였던 최대의 사람"으로서의 예수를 본받는 길이야말로 신의 나라를 지상에 세우려는 사람들이 걸어야 할 길이다.

그런데 예수가 신의 뜻과 일치함으로서 신의 아들이 되었다고 한다면, 예수가 아직 신의 아들이 아니었던 때가 있다는 말이기도 하다. '아름다운 사람'으로서의 예수는 그러므로 회의(懷疑)의 사람이기도 하였다. "예수는 30살이 되기까지는 신의 아들이 될 수 없었다는 것은 사실이다"고 보았던 무샤노코지로서는 요한처럼 예수를 보자마자 곧바로 이 사람이 구세주라고 인정할 수는 없었다. 오히려 예수는 자신의 사명에 대해서 회의하고 자신의 무력에 번민하였던 사람이었다. 무샤노코지에게는 『28세의 야소』(二十八歲の耶蘇)라는 작품이 있는데, 그에 의하면 그가 이 작품을 쓰는 데는 두세 시간 정도밖에 걸리지 않았다. 그가 이 작품에서 쓰려고 했던 것은 "아직 구세주가 되지 못했던 때의 예수의 외로움"이었다. 무샤노코지가 『28세의 야소』를 쓰기 전 그에게는 다음과 같은 예수와 신의 대화가 떠올랐는데, 그는 이 대화에 착상하여서 『28세의 야소』를 썼던 것이다.

예수: 아버지?

신: 왜 그러느냐?

예수: 저는 벌써 28살이 되었습니다.

신: 그런가?

예수: 저는 불쌍한 인간을 구원할 힘을 얻고 싶어졌습니다.

신: 그런가?

예수: 부디 그 힘을 내려주십시오.

신: 아직 안 된다.

예수: 언제 주시렵니까?

신: 네 힘이 생기면.

예수: 언제 힘이 생길까요?

신: 그것은 나도 모른다.

예수: 세상에는 불쌍한 사람들이 많이 있습니다. 제 구원을 기다리다
못해 지칩니다.

(신은 떠나간다. 예수는 그것을 느끼지 못한다.)

예수: 저는 더 이상 참고 볼 수가 없습니다. 아버지, 부디 저에게 힘을
내려주세요. 제 마음은 괴롭습니다.

(신이 없음을 알았다.)

예수: 아버지, 저를 버리셨단 말씀입니까? 저는 가능한 한 아버지의
뜻에 따르렵니다. 아버지의 뜻대로 인도해주십시오.

여기서 중요한 것은 예수가 악마의 유혹에 의해서 마치 신의 아들
이 된 것 같은 인식을 갖는다는 데 있다. 그러나 당시의 예수는 "아직
신의 아들이 되지 못한 미숙한 예수"일 뿐이다. 악마는 이러한 "예수
를 속여서 이미 예수에게 기적을 일으킬 수 있는 신의 아들이라는 잘

못된 인식을 가지도록 하는 데 성공하고서 기뻐한다. 그때 하늘에서 소리가 들려오는데, 아직 예수가 십자가를 짊어질 힘이 없음을 알리고, 꾸짖는다. 예수는 악마를 물리치고, 후회하며 부끄러워하면서 각오를 새롭게 한다."

악마의 유혹을 둘러싼 이야기에서도 암시되어 있듯이, 신의 뜻에 합당하게 살았던 사람으로서의 예수를 이해함에 있어서 '필요 없는' 것은 예수가 일으켰다고 기록되어 있는 기적이다. 무샤노코지는 복음서에 기록된 기적이 예수에게 접근함에 있어서 오히려 방해가 된다고 보았다. "나는 그런 기적에는 별로 흥미가 없다"라고 그는 잘라 말한다. 중요한 것은 예수가 일으킨 기적이 아니라 예수의 가르침이기 때문이다.

예수는 또 많은 병자를 고치고, 물을 술로 변화시키기도 했지만, 나는 그것을 대단한 일이라고는 생각지 않는다. 복음서는 그로 말미암아 많은 사람들이 예수 밑에 몰려들었다고 쓰고 있다. 이것은 거짓말은 아니라고 하더라도, 예수에게 있어서 그다지 명예로운 일이라고는 생각하지 않는다. 그러한 일은 신과 같은 마음을 가지지 않은 사람에게도 어느 정도는 가능한 것이다. 그리고 거기에는 신자의 미신(迷信)이 많이 덧붙여져서, 기적이 사실 이상으로 과장된 것처럼 보인다. 어찌 되었든 지금의 나에게 기적은 필요 없다. 기적을 일으킬 수 있었다고 하더라도 예수는 예수이겠지만, 기적을 일으킬 수 없었다고 하더라도 예수는 예수다. 나는 적어도 예수가 가장 신처럼 살았던 순간을 기적 속에서 인정할 수는 없다. 지금의 나는 실제로 기적에는 조금도 관심이 없다. 이에 반해서 예수의 가르침에는 감동한다. 실제 신의 아들만의 것이 있다고 생각한다. 신의 아들이 아니라면 그러한 권위 있는 말씀이 흘러나올 수는 없다.

이 점에서 무샤노코지의 작품에 대한 오쓰야마의 다음과 같은 해석에 무조건적으로 동의할 수만은 없을 것이다. "『야소』는 넓은 의미에서 기독교 문학의 하나로 꼽히지만, 무샤노코지의 관심은 그리스도가 귀의했던 신보다 그리스도와 그 사람의 인간상에 기울고 있었고, 신앙의 평전(評傳)이라기보다는 인간애의 평전이라고 하는 편이 적절할 것이다. 삼부작 전체에 대해서도 종교적 혹은 신앙적인 색조는 비교적 엷다고 생각된다. 『야소』의 그리스도는 신의 아들이라기보다는 도사(導師) 혹은 현자라는 이미지에 가깝다. '좋은 인간이 있어 주었다'라는 구절이 무샤노코지의 그리스도에 대한 관심의 기축을 충분히 말해준다고 하겠다."[7] 우리가 이러한 설명에 무조건적으로 동의할 수 없는 이유는 무샤노코지의 예수 이해가 예수의 인간 이해에 초점을 맞추고 있다는 지적은 틀림없는 사실이겠으나, 그의 예수 이해의 핵심은 예수가 이해하고 사랑하였던 신을 향하고 있기 때문이다.

나아가 예수의 인간성에 대한 강조가 예수와 우리 자신의 동일성을 인간성에서 찾으려는 시도에 다름 아니라고 한다면, 오히려 그것은 예수의 삶을 우리가 닮아가기 위한 가능성이 되기도 한다. "예수는 인간이 행해야 할 것을 가장 잘 알고 있었던" 인물이었기에 예수가 행했던 것은 바로 우리의 인간성이 행하는 바의 총합(總合)이다. 우리가 예수의 행위에서 감동을 받는 것은 그가 우리에게는 불가능한 것을 행하였기 때문이 아니라 우리에게도 가능한 것을 그가 행했기 때문이

다. 무샤노코지는 「하나님의 나라란 그 외」(神の國とは 其他)라는 시에
서 이러한 사실을 보다 직설적으로 표현한다.

　　　내가
　　　예수는 인간이라고 말하면
　　　예수는 신이라고 가르쳐주는 자가 있다.
　　　예수는 신일지도 모르지만
　　　나는 인간이다.

　　　내가
　　　예수에게 기적은 불가능하였다고 말하면
　　　예수는 기적을 일으킬 수 있었다고 가르쳐주는 자가 있다.
　　　예수에게는 기적이 가능했는지 몰라도
　　　내게는 불가능하다.

　　　그들은
　　　자기들에게는 불가능한 것을
　　　예수가 할 수 있었는데도 감동한다.
　　　나는 예수가 나에게 가능한 것을
　　　하기에
　　　감동한다.

　　그러므로 예수에 대한 신앙은 예수의 부활에 말미암은 것이며, 예

수의 부활이란 "예수를 사랑하는 사람들의 마음속에 예수가 더욱 강하고 존귀하게 부활한 것이다. 사람들은 예수를 더욱 사랑하고, 믿지 않으면 안 되게 된 것", 부활은 이를 가리키는 것이다. 이는 오로지 "예수가 평상시에 행한 사랑의 깊이"에 의해서 가능했던 것이다. 톨스토이가 『성서』에서 했던 것처럼 무샤노코지도 자신의 『예수전』에 부활 이야기를 포함시키지 않았다. 예수의 부활에 대한 그의 가르침은 세대에서 세대로 이어지면서 전해져 내려가, 모든 이들에게 지금도 영향을 미치는 바에서 찾아야 한다. "예수가 한 말씀의 불멸은 지금도 그 말씀이 살아 있어서, 진정한 것을 말하고 사람들을 반성하도록 만들며, 용기를 주고, 진실하게 만들어서 사랑을 일으키는 힘을 조금도 잃어버리지 않았다. 그리고 그 안에 있는 불의 예리함으로 보라." 그러므로 중요한 과제는 오늘날을 살아가는 누군가 그 예수의 가르침을 어떻게 현실화하는가 하는 것이다. 거기에 예수의 부활이 있기 때문이다. "예수의 죽음은 무의미하게 사라져버리지 않았다. 그것은 구름을 뚫고 비치는 태양처럼 예수의 정신을 살렸다. 예수가 십자가조차 견디고 뿌린 씨는 전 세계에 널리 퍼졌다. 그것을 수확하는 때는 언제일까? 수확하는 것은 누구일까? 어떤 동료일까?"

무샤노코지는 예수를 "지옥의 인간에게 신의 나라에 들어가는 길을 가르치기 위해서 일생을 바친, 가장 큰 사람 중에서도 가장 큰 사람(最も大いなる人の內で最も大いなる人)"이라고 부르면서 "사랑하는 사람들의 가장 친한 친구, 사랑의 샘, 화해와 평화, 신의 나라의 왕"으로서의 예수에게 한없는 애정과 흠모를 나타내면서 그의 『야소』를 마치고 있다. 『야소』는 예수에 대한 신앙을 가지지 않는 자에 의한 예수 찬

가라는 점에서 '일본에서 태어난 나의 그리스도'의 반열 속에서도 독특한 위치를 지니고 있다고 하겠다.

　우리는 예수를 전체로서 보지 않으면 안 된다. 예수는 실로 여러 가지 면을 갖고 있다. 가장 힘이 강하면서도 가장 부드럽고, 가장 현명한 인간이었다. 그리고 이들이 종횡으로 얽혀서 가장 아름답고 숭고하게 짜여져, 거기에 예수라고 하는 인간이 완성되었던 것이다. (중략)

　예수의 여러 말씀의 방식과 그 맛은 그 말씀이 참으로 맑디맑은, 신 이외의 여타의 것은 먼지 하나조차 포함되지 않은, 깊은 마음을 암시하기 때문이다. 그 어디에 예수의 사심(私心)이 있단 말인가? 그분의 마음에는 인류를 생각하는 마음 이외에 다른 그 무엇도 없지 않은가? 예수를 생각하면 눈물이 나서 견딜 수 없다. 부처가 그러하였듯이, 인류만을 생각하고 다른 아무것도 생각할 여유가 없었던 예수의 그 맑음과 깊이, 전 인류 가운데서 가장 뛰어난 사람이 이렇듯 한없이 맑은 마음을 가지고 있었다는 사실, 그리고 그 맑은 마음을 가장 깊고 가장 입체적으로 살아가 주었다는 사실은 우리에게 기쁨이 아닐 수 없다.

요시모토 다카아키의
'가공(架空)의 예수'

"내가 세상에 평화를 주러 온 줄로 생각하지 말라.
평화가 아니라 칼을 주러 왔다."
_ 마태복음 10:34

전후(戰後)의 암울함과 성서

'전후 최대의 사상가'라고 평가되는 요시모토 다카아키(吉本隆明, 요시모토 류메이라고도 불린다)는 그 명칭에 걸맞게 실로 다양한 분야에 걸쳐서 방대한 양의 저술을 남기고 있지만, '일본에서 태어난 나의 그리스도'의 문학적 계보를 따라가는 우리의 관심을 끄는 것은 무엇보다도 그의 『마치우서 시론』(マチウ書試論)이다. 이 작품은 《현대평론》(現代評論)(1954)에 「반역의 논리 – 마치우서 시론」(反逆の論理 – マチウ書試論)이라는 제목으로 두 번에 걸쳐 발표되었던 것을 단행본으로 묶은 것이다. 이른바 비기독교인에 의한 독특하고도 자극적인 성서 이해라는 점에서 부각되는 이 작품은, 제목이 말해주듯이 신약성서 『마태복음』에 대한 해석이다.

'마치우'(Matthieu)란 복음서 기자인 '마태'의 프랑스식 표기법인데, 이 책의 모든 인명은 예수는 제쥬(ジェジュ, Jésus), 베드로는 삐에르, 바울은 뽈, 요한은 쟝, 유다는 쥬드 등으로 표기되어 있다. 요시모

토는 자신의 사상과 작품을 둘러싼 일련의 대담에서 일본에도 널리 알려진 '마태'라는 표기 대신 굳이 '마치우'를 선택한 이유에 대해서 "기독교에 대한 일종의 경외감"을 지니고 있던 자신으로서는 "신앙의 책을 이상야릇하게 다룬다고 여겨지고 싶지 않았다"고 술회하고 있다.[1] 다시 말해 신앙 문서로서의 복음서를 자신은 다만 문학적으로 다룬다고 하는 분명한 선을 긋기 위함이라는 말이다. 그러나 이처럼 '마태'가 '마치우'로, '예수'가 '제쥬'로 치환되는 곳에 요시모토의 성서와 기독교 이해의 독창성이 예고되어 있다.

요시모토 다카아키는 1924년 도쿄의 츠키시마(月島)(현재의 주오쿠(中央區))에서 태어났다.(한국에도 많이 알려져 있는 소설가 요시모토 바나나(吉本ばなな)는 그의 차녀이다.) 요시모토는 도쿄후리쯔(東京府立) 화학공업학교를 마친 후, 요네자와(米澤)고등공업학교(현재의 야마가타(山形)대학 공학부)와 도쿄공업대학에서 공부하였다. 일본을 몰아치던 전쟁의 광풍 한가운데에 내던져졌던 이른바 '전중파'(戰中派)[2] 세대에 속하는 요시모토는 재학 시절부터 미야자와 겐지(宮澤賢治), 다카무라 고타로(高村光太郎), 고바야시 히데오(小林英雄) 등을 읽으면서 문학청년으로서의 감수성을 키워나간다. 요시모토는 1947년 대학을 졸업한 후 몇 군데의 공장에서 근무하였으나, 노동조합운동에 참여하면서 직장을 그만두게 된다. 또한 그는 문학평론가였고 초대 전학련(全學連) 위원장을 지냈던 다케이 아키오(武井昭夫)와 함께 『문학자의 전쟁 책임』(文學者の戰爭責任)(1956)을 펴냈는데, 이는 그가 지식인으로 데뷔하는 계기가 되었다. 나아가 요시모토는 1959년부터 1960년 사이에 일본 열도를 휘몰아쳤던 안보투쟁(安保鬪爭)[3]에도 참가하여 경찰에 체포된 적도 있었다. 이러한 요시모토의 '삶의 자리'(Sitz im Leben)는 일본의 (지성)사회 속에서 그를 '여하한 정통적 직업도 지니지 못한' '방계'(傍系)의 위치에 머물도록 한 것이 사실이다.[4]

요시모토가 성서와 기독교에 관심을 지니게 된 동기는 2차 세계대전의 종식과 함께 전도(顚倒)되어버린 세계를 어떻게 이해할 것인가라는 번민과 직결된다. 앞서 말하였듯이, 그는 전쟁 중에도 문학의 눈을 통하여 인간의 심리에 대한 통찰을 계속해왔지만, "문학을 매개로 해서 알게 된 인간의 심리나 정신의 움직임에 대한 통찰이 세계가 저편으로부터 변해버렸다고 하는 사실 앞에서는 전혀 무력하다"라는 사실이 그를 정신적 공황(恐慌) 상태로 몰고 갔던 것이다. 요시모토가 「전후 문학은 어디로 갔는가」(戰後文學は何處へ行ったか)에서 토로하고 있는 그대로이다. "아직 그 무렵 패전의 상처에서도, 청춘의 전반기를 몽땅 바쳐서 싸웠던 전쟁의 악몽에서도 탈출할 출구를 발견하지 못했다. 분노와 절망과 모든 것에 대한 불신 등 타오르지도 못하고 시커먼 연기만 내는 가슴의 불꽃을 어떻게 하면 끌 수 있을까 하는 것이 당시 나의 과제였다." 그러므로 이소다가 적확하게 짚어내고 있듯이, 당시의 요시모토에게 있어서 "종교는 고뇌를 합리화해줄 환상으로서 추구되었다."[5]

신약성서를 읽었던 것은 패전 직후의 혼미한 정신 상태의 한복판에서였다. 그 무렵은 천지가 완전히 거꾸로 뒤집혀진 것 같은 정신 상태여서, 모든 것을 백안시하던 시기였다. (중략) 지금 생각해보면 자신이 우습기도 하고 가엾기도 하지만, 그때는 후지미마치(富士見町)교회에 가서 목사의 설교를 들어보기도 하였다. 그러나 아무런 도움도 되지 못했다. 그들은 신약성서를 전혀 잘못 이해하고 있다고 생각할 수밖에 없었다. 너무 멋있지 않은가? 신약성서는 그런 것이 아니야라고, 나는 마음속으로 몇 번이고 항의를 해보았다.

교회가 만들어내는 '무언가 이미 만들어져 있는 듯한, 이미 틀이 정해져 있는 듯한' 분위기는 '니힐리즘에 깊이 빠져 있던' 요시모토로서는 쉽게 익숙해질 수 없는 먼 세계에 불과하였으므로, 그는 결국 교회 출석을 그만두고 독자적인 성서 이해를 추구하게 된다. 요시모토 눈에 비친 성서의 기독교는 현세에서 학대받는 가난한 자가 천국에 간다고 가르친다는 점에서 '피억압자를 위한 종교'였고, 고향에서 인정을 받지 못하고 백안시되고, 제자들에게 배반을 당하며, 십자가에서는 "하느님, 나의 하느님, 어찌하여 나를 버리십니까"라고 절규하는 그리스도로 대표되는 '절망의 종교'였다. "신약성서는 절망성에 대해서 어떻게 생각하는가"에 관심을 가졌다는 그의 말에서 그가 처해 있던 패전 후 일본의 절망적 상황과 그 상황 속에서 그가 갈구하였던 바가 축약적으로 드러난다고 하겠다. 『마치우서 시론』은 이러한 시도의 연장선상에서 태어난 것이다.

그런데 가사하라에 의하면 성서와 성서의 예수에 대한 요시모토의 관심은 1953년에 간행된 그의 시집인 『전위를 위한 10편』(轉位のための十篇)에 이미 표명되어 있다.[6] '어떤 유라시아인'(あるユラシヤ人)이라는 부제가 달려 있는 「불의 가을 이야기」(火の秋の物語)라는 시에서 요시모토는 '유진(ユウジン), 그 미지의 사람'에 대해 "유진/ 그대(き

み)는 소돔의 땅 최후의 사람으로서/ 모든 풍경을 계속해서 보고 있지 않으면 안 된다/ 그리고 고모라 땅의 불행을 기억하지 않으면 안 된다/ 그대의 눈이 보았던 것을 그대의 여인에게 낳도록 하지 않으면 안 된다/ 그대의 죽음이 그대에게 안식을 가져다주는 것은 확실하지만/ 그것은 괴로운 고지(告知)여서 나에게 상처를 입히겠지"라고 말을 걸고 있다.[7] 가사하라는 '유라시아인', '유진', '소돔', '고모라' 등의 고유명사와 '죽음의 괴로운 고지'라는 말로부터 이 유대인이 예수는 아닐까 하고 추론한다. 나아가 가사하라는 요시모토가 「분열병자」(分裂病者)라는 시에서 "그대 상실의 감각은/ 전 세계적인 것이다/ 인간의 커다란 눈사태에 실려서 드디어 겨울이 온다/ 그대의 구제와 치유는 그것을 지지하는 것과 관계한다"고 노래하는 부분도 예수를 암유(暗喩)한다고 본다.

그런데 가사하라는 이 시집이 '그대'(きみ)에 대해서 노래하기 시작해 점차 '우리들'(ぼくたち) 그리고 '나'(ぼく)에게로 이행해간다는 점에 주목한다. 예를 들어 「절망으로부터 가혹에」(絶望から苛酷へ)라는 시에서는 "굴욕의 절반은 우리들(ぼくたち)의 토지로부터 태어나 거기에 있고/ 굴욕의 나머지 절반은 다윗의 아들로부터 유전(遺傳)해서 거기에 있다"고 쓰고 있는데, 이는 "자기와 예수가 점차로 중첩되어가는 과정을 의미한다." 또한 「작은 무리들에 대한 인사」(ちひさな群への 挨拶)라는 시에서는 "나(ぼく)의 고독은 거의 극한까지 견딜 수 있다/ 나의 육체는 거의 가혹에 견딜 수 있다/ 내가 쓰러진다면 하나의 직접성이 쓰러진다/ 서로 지지하는 것을 싫어한 반항이 쓰러진다/ 내가 쓰러진다면 동포는 나의 시체를/ 습한 인종(忍從)의 구멍에

묻어버릴 것에 틀림없다/ 내가 쓰러진다면 수탈자(收奪者)는 더욱 기세등등해진다"라고 했는데, 이것이 "자기와 예수가 동화되는 모습이 노래되고 있다"는 것이라고 가사하라는 주장한다.

나아가 「폐인의 노래」(廢人の歌)에서는 "내가 진실을 말한다면/ 거의 전 세계를 얼려버릴 것이라는 망상에 의해서 나는 폐인이 될 것 같다/ (중략)/ 바로 내가 들어가기에 어울리는 빌딩을 짓자. 목수와 목수 아들의 신화는 필요 없다"라는 구절에서 가사하라는 "예수를 대신한 자기가 표현되었다"고 본다. 그렇다면 이 시집의 제목인 『전위를 위한 10편』의 '전위'란 '예수로부터 자기에로의 전위'인 셈이다. 표현을 바꾸어서 말해본다면, 성서에 그려진 객관적인 예수의 형상과 내용이 탈화(脫化)되어 공동(空洞)으로 바뀌고, 그 공동의 빈자리가 '내가 들어가기에 어울리는' 장소로 다가온다는 말이다. 『전위를 위한 10편』이 발표되었던 1953년을 전후해서 쓰이고 발표되었던 『마치우서 시론』은 성서가 바로 이 '공동'이 지니는 흡인력(吸引力)에 대한 찬가(讚歌) 이외에 다른 것이 아니라고 주창하는 작품이다.

요시모토의 『마치우서 시론』은 "성서의 문제를 뛰어넘어 이후의 요시모토 자신의 사상으로 발전해가는 원사상(原思想)"으로서의 위치를 차지한다고 평가되는데, 이러한 평가는 성서를 정면에서 다루는 『마치우서 시론』이 "사실은 성서에 대해서는 전혀 문제를 제기하고 있지 않다는 역설"을 노정한다는 점과 함께 기억될 필요가 있다. 바로 요시모토는 성서에 대해 말하는 형태를 취하면서 "자신의 사상을 펼치고 있는 것이다."[8] 이러한 점은 기독교 평론가들의 냉담한 반응을 불러오기도 하였다. 가즈사 히데오는 『마치우서 시론』이 "두려울 정도로 독

단적인 방식으로 논리를 전개한다"고 보면서, 이는 "예수 그리스도의 모습에 얼굴을 맞대고 싶지 않은" 요시모토가 "신 없이 배울 수 있는 논리의 세계"에 매몰되어버린 결과라고 평하였다.[9] 다케다 도모쥬는 "문예 비평의 독자성은 비평 대상에 대한 왜곡도에 비례한다"는 아키야마 슌(秋山 駿)의 말을 인용하면서, 이 말이 사실이라면 요시모토의 『마치우서 시론』이야말로 "독자성을 지닐 수 있는 작품"일 것이라고 시니컬하게 평하였다. 『마치우서 시론』이 그 비평 대상인 마태복음을 너무나도 왜곡하였다는 말이다. 이 말은 "요시모토 다카아키의 『마치우서 시론』만큼 비기독교적인 '성서 이야기' 는 없다"[10]는 다케다의 불만을 비틀어 표현한 것이겠으나, '비기독교적인 성서 이야기' 로서의 『마치우서 시론』이 요시모토 '자신의 사상' 전개라고 하는 관점에서 조명해본다면, 그리고 『마치우서 시론』은 '비기독교인' 으로서의 요시모토의 자기 이해가 성서의 예수를 통해서 이루어지고 표현된 작품이라는 점에서 이 작품은 기독교성을 획득한다고도 할 수 있다.

'가공(架空)의 예수' 와 질서에의 저항

요시모토는 『마치우서 시론』을 집필할 당시의 정황을 다음과 같이 술회한다.

『마치우서』란 이른바 『마태전』으로서, 나는 여기서 마음대로 『마치우서』라고 바꾸었다. 등장인물의 이름도, 책의 이름도 바꾸어버렸다. 엥겔스, 르낭, 슈바이처, 모리아크, 하타노(波多野) 씨의 기독교에 관한 논술들을 닥치는 대로 읽었는데, 가장 마지막으로 읽었던 아르투어 드레프스의 『그리스도 신화』에서 실증적 연구의 대단함에 크게 놀랐다. 나는 드레프스의 업적을 충실히 신봉하였다. 또 기독교 사상에 대한 사상적 비판은 니체의 도덕 계보를 중심으로 한 모든 저작이 압도적으로 뛰어났다고 생각한다. 나에게 기독교 사상에 대한 비판의 관점을 가르쳐주었던 것은 니체와 마르크스였다.

그 스스로도 말하고 있듯이, 요시모토는 아르투어 드레프스(Arthur Drews, 1865~1935)가 『그리스도 신화』(*Die Christusmythe*)(1909)에서 주장했던 바를 충실히 이어받아 "제쥬는 마치우서 작자의 사관이 응집해서 만들어낸 상징적 인물에 다름 아니다"라고 주장한다.[11] 그러니까 제쥬는 "히브리 성서의 예약에 의지해서 만들어진 가공의 인물"인 것이다. 사실 요시모토에게 예수가 역사적으로 실재하는 인물인지의 여부는 부차적인 물음에 불과하다. 오히려 그의 관심은 예수라는 인물로 집약되는 원시 기독교의 사상을 이해하는 것에 있기 때문이다. 그가 발견하고자 하였던 것은 "제쥬로 상징되는 하나의 강한 사상의 의미"였던 것이지, 예수 자체는 아니었다.[12] "제쥬의 육체는 사방으로 분산되어서 원시 기독교의 사상적 골격이 안에 용해된다. 제쥬의 육체라는 것은 결코 동정녀에게서 태어난 것이 아니라, 『마치우서』 작자의 조형력으로부터 태어난 것이다." 이처럼 요시모토의 관심은 예수 자체가 아니라 "예수의 실재성을 사상(捨象)한다고 하더라도 (성서의 - 필자 주) 교의의 환상적 지배력은 변함이 없다"는 사실이었다. 다시 말해 요시모토는 "가구(假構)의 예수보다도 그러한 허구를 구축하는 마태전(『마치우서』)의 작자에게 관심이 있으며", 이는 "유대교를 모방하면서도 새로운 세계상을 낳기까지의 과정 내지 그 세계상의 일그러짐"이라는 문제에 요시모토가 매달리고 있음을 의미한다.[13] 그런데 "『마치우서』에 나타난 사관(史觀)은 원시 기독교의 교의와 분리할 수는 없지만, 마찬가지로 당시 이스라엘 민족이 직면해 있던 혼란과 위기로부터도 분리해낼 수 없다"고 요시모토는 보았는데, 이는 요시모토 자신이 처해 있던 전후의 상황과 『마치우서』를 산출해내었던 시대가 오버랩 된다는 사실을 의미한다.

구약성서의 '자료를 개작' 한 '인류 최대의 표절(剽竊) 문서' 로서의 『마치우서』에는 "하나의 어두운 그림자가 가로지르고 있으며, 그 그림자는 하나의 실재 인물이 지상을 지나간 그림자가 아니다. 하나의 사상의 의미가 우리의 심정을 지나간 그림자이다." 그 '하나의 사상' 은 자신과 사상적 근친관계(近親關係)에 있던 유대교와 심각한 투쟁 끝에 나온 근친증오(近親憎惡)의 산물이다. 다시 말해 『마치우서』는 히브리 성서의 표절이라는 형식적 구성 원리와 유대교에 대한 생래적 증오감의 윤리화라고 하는 내용적 구성 원리에 의해서 성립되었다. 『마치우서』를 탄생시켰던 '피투성이의 현실과 가혹한 사상적 항쟁' 은 '원시 기독교를 박해하고, 질서에 팔아넘긴 유대교적 질서' 와 '총독으로 상징되는 로마적 질서' 와 함께 '원시 기독교의 사회적 콤플렉스'의 원인이 된다.

『마치우서』가 유대교적 '질서' 와 상쟁(相爭)관계에 서 있던 이유는 "유대교가 율법을 인간이 살아가는 의미와 조화시켜서, 거기에서 현실적인 사회 윤리를 만들어내고, 현실과 신앙을 일원화하는 것이 비위에 거슬려 어쩔 수 없었기 때문이다." 이러한 유대교의 윤리적 일원론에 대항하기 위해서 탄생한 것이 '원시기독교의 관념적 이원론'이다. 작자로서의 마치우의 탁월함은 '존재의 위기를 실존의 조건으로서 적극적으로 파악하려는 의식'이었고, 이러한 파악은 존재하는 현실을 인간의 실존 의식과 분열시키기 위해서, 윤리를 사회적 질서와 대립하는 것으로 파악함으로써 이루어진다. 현실적인 질서는 그들에게 움직일 수 없는 것으로 받아들여졌기 때문이다.

여기로부터 현실적으로 소외되고, 모욕을 당해도, 심정의 질서를 지배하는 가능성은 결코 빼앗길 수 없다는 일종의 날카로운 관념적 이원론이 태어난다. 현실적인 억압에서 벗어나 심정 속에 안주하는 질서를 찾아내려는 경로가 시작된다. 이러한 사상의 틀이 태어난 배후에는 외적의 침입, 로마적 질서로부터의 압제에 고뇌하는 이스라엘 민족의 괴로운 현실적 정황이 있음에 틀림없으며, 원시 기독교가 박해와 유대교와의 살인적인 사상적 항쟁을 배제하면서 그 교의를 만들어냈던 것도 이러한 정황 때문이었다.

원시 기독교는 신과 인간, 인간과 현실 사이의 관계를 화해시키면서 세속화한 유대교적 율법관을 비판하고, 신과 인간 사이의 관계를 규정하는 '심정의 윤리'를 선택해서 확대하였다. 이것이 '메시아 종(宗)으로서의 원시 기독교의 필사적인 교의적 노력'이었고, 이는 현실의 질서를 뛰어넘는 '관념의 질서'를 만들어낸다. 요시모토는 부자 청년에게 너의 재산을 다 팔아 가난한 사람에게 나누어주면 하늘에서 보화를 얻을 것이라는 예수의 말에서 "빈곤에 대한 원시 기독교의 동 정을 읽어내는 것은 잘못된 것이다"라고 보면서 이렇게 말한다. "여기 에서 작자는 하늘의 왕국이라는 말로 나타나는 원시 기독교의 관념적 윤리성이 날카롭게 현실 그 자체와 배반한다는 것을 표상하는 것이 다. 모든 사회적 윤리성과 연대성에 대한 사상적 적의(敵意)의 끝에 원시 기독교의 하늘의 왕국이 있다."

유대교에서 신에 대한 의식이 인간의 윤리와 자연스러운 관계로 결합 된 것과는 반대로, 원시 기독교는 인간과 신의 자연스러운 관계를 믿지 않는다는 의식을 끝없이 매개로 하면서 그들의 윤리의 순화(純化)를 생 각하지 않을 수 없었다. 말하자면, 좌절과 굴절을 통해서 신을 발견하지 않으면 안 되었던 것이다. (중략) 원시 기독교의 좌절과 굴절에 대한 교 의적 편집은 이상(異狀)한 것으로서, 이는 그들의 독자성으로 인정하지 않을 수 없다. 산상수훈은 (중략) 노골적인 심정의 마조히즘을 피력한다.

그러므로 예수의 입을 통해서 "내가 세상에 평화를 주러 온 줄로 생 각하지 말라. 평화가 아니라 칼을 주러 왔다."(마태복음 10:34)라고 말 하는 마치우는 "질서로부터 박해받는 자, 따라서 질서에 대해서 반역 하는 자의 일반적 사고방식"을 대변한다. 또한 바리새인에 대한 예수 의 일련의 비판은 『마치우서』의 작가가 이미 고정되고 정형화된 종 교적 질서를 얼마나 괴로운 감정을 가지고 바라보고 있는가를 리얼하 게 생리적으로 묘사한다." 당시 노조 활동을 하면서 경영자 측과 대립

하고 있던 요시모토의 실존적 정황이 바로 여기에서도 고스란히 묻어나
오는 것이다.

하지만 이와 달리 기독교의 역사는 마치우의 사고방식에 대한 배반
의 역사였다. "기독교가 질서와 화해하였을 때, 이 사상과 실천의 계
기를 잃어버렸고, 지배 권력과 결합하였을 때, 교의의 체계화와 논리
화를 이룩하여 스스로 속박되어 꼼짝 못하는 박해의 그물을 만들어냄
으로써 『마치우서』의 하늘에 침을 뱉어버렸다." 마치우의 기독교는
'질서로부터 소외된 자에 대한 심리적 공감'을 지닌 기독교였으나, 질
서와 화해해버린 현실의 기독교는 질서로부터 소외된 자를 양산해내
는 기제로 변질되었다.

현세적 질서와 기독교적 질서의 화합은 사상 최대의 비열한 드라마이
고, 여기에서 현세적 지배권과 기독교의 편협적 가혹함은 보기 좋게 결합
하였다. 예를 들어 우리는 토마스의 『숨마 테올로기카』에서 정밀한 논리
체계에 의한 신의 존재 증명을 읽을 수 있음과 동시에, 그의 경제학에 있
어서 지배 권력 옹호의 변증을 읽을 수 있다. (중략) 무엇보다도 원시 기
독교의 강렬한 공상적 윤리성이 속화(俗化)되어 간 것은 눈 깜짝할 사이
의 일이었다. 이 속화는 밖으로부터 현세적 권력과의 화합에 의해 뒷받침
되고, 안으로는 교의의 논리화에 의해서 뒷받침되었다. (중략)

억압된 사상과 사람에게는 언제나 이처럼 질서가 받아들여진다. 그리
고 이미 완성된 질서 위에 똬리를 틀고 있는 고정된 사상과 인간에게는
형식주의고 위선이고 뭐고 아무렇지도 않은 것이다. 요컨대 우리는 승자
이고 너희는 패자이다. 너희도 우리와 같은 방식을 취하지 않는 한, 결코

질서로부터 소외되는 것을 면할 수 없다고 그들은 말한다. 적어도 인간이 구성하는 질서는 결코 이것 이상의 형태가 될 수 없다. 구성된 질서를 지점으로 전개되는 사상과 사상의 대립 형태는 아무리 유치하게 보일지라도, 이것 이외의 형태를 취하지 않는다. 기독교라 하여도 질서와 화해하였을 때 이미 의복에는 장식을 달고, 연회에서는 상석을, 교회에서는 제일 앞자리를 차지하고, 사람들의 어깨에는 짐을 지우고, 스스로는 손끝 하나 까딱하지 않으려 하였다. 『마치우서』의 작자가 여기서 제출하는 본래적인 문제는 현실의 질서 속에서 인간의 존재가 얼마나 상대성 앞에 처해지지 않으면 안 되는가 하는 점에 있다.

위의 인용문을 통해서 요시모토의 논지가 유대교를 비난하려는 것이 아님은 명백히 드러난다. '현실의 질서에 편승해 심정의 질서를 규정하려는' 유대교적 사고유형은 원시기독교적 사고유형과 날카롭게 대립되지만, 이는 반드시 유대교의 불의함에 그 원인이 있는 것은 아니다. 오히려 존재에 얽혀 있는 인간의 상대 감정의 탓이고, 원시기독교 또한 그것을 피할 수 없었기 때문이다. 원시기독교는 관념의 절대성을 가지고 유대교의 사고방식을 공격하였지만, 그러한 공격 자체의 관념성과 스스로의 현실적 상대성이 빚어내는 이중의 위선 의식으로부터는 결코 자유로울 수 없었던 것이다. 요시모토는 바리새이파들에 대한 예수(제쥬)의 신랄한 비판, 즉 "너희는 예언자들의 무덤을 단장하고 성자들의 기념비를 장식해놓고는 '우리가 조상들 시대에 살았더라면, 조상들이 예언자들을 죽이는데 가담하지 않았을 것이다' 라고 떠들어댄다. 이것은 너희가 예언자를 죽인 사람들의 후손이라는 것을 스스로 실토하는 것이다"(마태복음 23:29~31)를 인용하면서, "모든 비참함과 불합리한 입법과 지배에 펀드는 현대의 기독교는 당연히 이 말을 받아들여야 한다"고 말함으로써 비판의 화살을 기독교로 향한다. 그의 비판은 인간의 사고방식과 존재방식 자체를 겨냥하는데, 여기서 훗날 유명해진 그의 '관계의 절대성'이라는 개념이 등장한다.

가담(조상들이 예언자들을 죽이는 데 가담한 것 – 필자 주)의 인과(因果)는 질서라는 것을 지점(支點)으로 하면서 맴돈다. 가담의 의미를 현실의 관계 속에서 사회 윤리적으로 파악하지 않으면 안 되는 것은 이때다. 여기에서 『마치우서』가 제기하는 바의 현대적인 의미를 도출해본다면, 가담이라는 것은 인간의 의지에 관계없이, 인간과 인간의 관계가 그것을 강요하는 것이라는 점이다. 인간의 의지는 과연 무엇일까? 그것은 선택할 자유를 갖고 있다. 선택 속에 자유의 의식이 되살아나는 것을 느낄 수 있다. 그러나 이 자유로운 선택을 요구받은 인간의 의지도, 인간과 인간의 관계가 강요하는 절대성 앞에서는 상대적인 것에 지나지 않는다.

그러나 인간과 인간의 관계가 강요하는 절대적인 정황 속에 있어서 『마치우서』의 작가는 "그럼에도 불구하고 그대들은 예언자인 나를 박해하고 있지 않은가"라고 주장한다. 이것은 의지에 의한 인간의 자유로운 선택이라는 걸 절대적인 것처럼 오인하고 있는 율법학자와 바리새이파에게는 통하지 않는다. 관계를 의식하지 않는 사상은 환상에 지나지 않는다. 그 때문에 바리새이파는 "그대는 예언자가 아니다. 폭도고 파괴자다"라고 대답하였던 것이고, 인간과 인간의 관계에서 절대성이라는 요소를 포함하지 않는 어떠한 입장으로부터도 이러한 대답 이외의 대답이 나올 수는 없을 것이다. 질서에 대한 반역, 그것에의 가담이라는 것을 윤리에 결합시킬 수 있는 건 다만 관계의 절대성이라는 시점을 도입함으로써만 가능하다. (중략)『마치우서』의 작자는 율법학자와 바리새이파를 공격하는 형태로서, 현실의 질서 속에 살지 않으면 안 되는 인간이 어떤 상대성과 절대성의 모순 속에서 살아가는가에 대해서 말하고 있다.

난해하기만 한 이 '관계의 절대성'은 무엇을 의미하는가? 전쟁 중의 자신을 돌아보면서, 전쟁에 대한 자신의 자유로운 판단과는 상관없이 '인간과 인간의 관계가 강요하는 절대성' 앞에서 무력하였음을 말하고자 함인가? 가사하라는 요시모토의 '관계의 절대성'에 대해서 다음과 같이 해석하고 있는데, 이는 "형제의 눈 속에 있는 티는 보고 제 눈 속에 있는 들보는 깨닫지 못하는" 어리석음에 대한 질타로 받아들일 수 있을 것이다.

요시모토는 마태복음을 유대교와 원시 기독교의 대립이라는 도식에서 파악하고 있다. 거기에서는 서로 상대방을 비판할 때, 자기의 입장과 사상을 어느 정도 절대화해서 타자를 비난하지만, 그것이 자기를 불문(不問)에 부치는 입장이 된다면 진리성을 지닐 수 없다. 예를 들어 바리새이파는 예수를 '모독자'라고 공격하고, 예수는 바리새이파를 '위선자'라고 불렀지만, 그것은 자신에게 되돌아오는 말일 수밖에 없다. 예수가 바리새이파에 대해서 하신 말씀은 (중략) 예수를 따르는 후대의 기독교인들에게도 해당되는 것이다. 그러므로 절대적으로 정당한 관념, '관념의 절대성'이라는 것은 없다. 무릇 당파(黨派)의 사상, 당파성이란 이처럼 자기의 관념을 절대화하는 것이다. 어떤 관념도 사상도 의지도, 그것이 인간의 것, 인간에 관한 것인 한, 모두 인간과 인간의 관계에 있어서 존재한다. 그 관계야말로 절대적인 것이고, 따라서 '관계의 절대성'이라는 말이 성립된다.[14]

'관계의 절대성'은 어떤 주장이 타당성을 지니는 것은 특정의 '관계'라는 맥락에서만 가능하기에, 모든 주장은 결국 절대적인 상대성을 지닐 수밖에 없다는 사실을 역설적으로 천명한다. 그리고 어떤 주장이 '절대성'을 지니기 위해서는 — 이는 실은 불가능한 일인 바 — 그러한 주장을 펼치는 주체가 그 주장의 객체로서 상대화되지 않으면 안 된다는 점도 말해주고 있다. 수가는 요시모토를 논하는 자리에서 현실로부터 소외된다는 것, 즉 현세에서는 어떠한 계류지(繫留地)도 지니지 않는다는 것이 역으로 지식인의 시점의 초월론적 성격을 보증한다고 쓰고 있다.[15] 그러면서 요시모토가 전시하의 상황이나 조합운동, 안보투쟁 등에서 '좌절'과 '상실'을 반복 체험하는 과정을 거치면서 '초월(론)적 지식인'이 될 수 있었다고 논하고 있다.

앞서 『마치우서 시론』을 요시모토 사상 전체에 대한 '원사상'(原思想)으로 자리매김했다고 평가한 가사하라의 지론을 소개한 바 있다. 이를 기존의 질서에 대한 요시모토의 반복되는 저항이 『마치우서』의 '반역의 논리'로 인카네이션(incarnation)되었다는 말로 받아들인다면, '현세에 있어서는 어떠한 계류지(繫留地)도 지니지 않는' '가공(架空)의 예수(제쥬)'야말로 일체의 우상 숭배를 거절하는 '초월(론)적 지식인'의 원형이라고 할 수 있을 것이다.

다자이 오사무의
'고뇌하는 그리스도'

“너희의 원수를 사랑하고,

너희를 박해하는 사람을 위하여 기도하여라.”

_ 마태복음 5:44

“너희의 원수를 사랑하고,

너희를 박해하는 사람을 위하여 기도하여라.”

_ 마태복음 5:44

니힐리즘과 데카당스와
절망을 딛고서

2008년은 다자이 오사무(太宰治, 1909~1948)의 탄생 100주년을 맞이하는 해였다. 서점에는 다자이 코너가 마련되었고, 그의 작품이나 삶을 다루는 각종 프로그램들이 등장하였다. 더욱이 그 표현이 난해하고 장황하기 그지없어, 와타나베 요시노리(渡部芳紀)는 그를 "기교의 극한을 달리고, 현란(絢爛)하고 호화(豪華)로우며, 눈부신 세계를 만들어낸 언어의 마술사"로 평가하고 있다.("죽어도 교언영색(巧言令色)이어라!"(『생각하는 갈대』(もの思う葦))는 다자이의 모토였다.) 그런데도 책을 멀리한다는 소리를 듣는 젊은 세대 사이에서 그의 작품이 애독되고 있다. 반복되는 자살 시도 끝에 결국 정부(情婦) 야마사키 도미에(山崎富榮)와 함께 다마가와(玉川)에 뛰어들어 40년이 채 안 되는 짧은 생을 마감하였던 이 문학의 천재가 일본 열도를 사로잡고 있다.

본명이 쓰시마 슈지(津島修治)인 다자이 오사무는 1909년 아오모리

현(靑森縣) 쓰가루군(津輕郡)에서 신흥 대지주의 6남으로 태어났다. 1927년에 구제(舊制) 히로사키(弘前)고등학교에 진학한 다자이는 아쿠타가와의 작품에 심취하였으며, 마르크스의 『자본론』을 읽고 프롤레타리아 문학에도 영향을 받았다. 당시에는 비합법적이었던 좌익운동에 관련되기도 하였다.

1930년 도쿄대학 불문과에 입학한 다자이는 이부세 마스지(井伏鱒二, 1898~1993)의 제자로 입문하는 등 소설가가 되고자 하는 꿈을 키워나갔지만, 학과 수업에는 그다지 관심이 없었던지 결국 대학은 졸업하지 못하였다. 그는 대학 1년생 시절 카페의 여급(女給)이었던 다베 시메코(田部シメ子)와 함께 가마쿠라(鎌倉)의 바다에 뛰어들어 동반 자살을 감행한 적도 있을 만큼, 그의 삶에는 데카당스와 죽음의 허무라는 음영(陰影)이 짙게 드리워져 있었다. 이 사건으로 다베가 사망하였고, 그래서 다자이는 자살 방조의 혐의를 받았지만 가족들이 백방으로 힘을 쓴 결과 기소유예 처분에 그쳤다. 1931년에 가문으로부터 절연당한 다자이는 아오모리 출신의 게이샤 고야마 하쓰요(小山初代)와 결혼하지만, 이 여인은 1936년에 다자이가 잠시 병원에 입원한 사이 그의 친척과 애정 행각을 벌인다. 나중에 이 사실을 알게 된 다자이는 이듬해에 함께 음독자살을 기도하였다. 다자이도 하쓰요도 목숨을 잃지는 않았지만, 둘은 결국 헤어지고 만다.

1938년 이부세의 중매로 이시하라 미치코(石原美知子, 1912~1997)와 결혼하여 정신적으로도 안정된 시기를 보낸 다자이였으나, 결국 1948년에 자살함으로써 집요하게 자신을 따라다니던 죽음의 그림자 속으로 걸어 들어가고 말았다. 그의 죽음으로 인해서 당시 〈아사히(朝

日)신문〉에 연재되고 있던 소설도 미완의 절필(絶筆)이 되고 말았는데, 공교롭게도 그 연재소설의 제목은 『굿바이』(グッド・バイ)였다. 소설가 이상(李箱)은 그의 『날개』에서 "나는 아마 어지간히 인생의 제행(諸行)이 싱거워서 견딜 수가 없게끔 되고 그만둔 모양이요"라고 하면서 '굿바이'를 선언하였지만, 다자이의 『굿바이』는 그때까지 자신의 작품을 지배하고 있던 "깊은 니힐리즘과 데카당스와 절망을 감추고서, 그 때문에 새롭고 밝고도 가벼운 유머를, 인간의 가능성을 열려는"1 시도였다. 오쿠노가 말하고 있듯이, "이미 인간과 사회의 극한 상태를 생생하게 목도하여 왔던" 다자이에게는 "따라서 가벼움과 밝음이야말로" 그러한 극한 상태를 드러내는 색조라고 하는 역설이 성립되는 것이다. 동반 자살이라는 인간의 극한 상황을, 그것도 다름 아닌 자기 자신의 자살 행위를 다루면서 "나는 내일 죽는다"는 말을 스스로에게 거는 주문처럼 중얼거리는 『교겐의 신』(狂言の神)(1936)에 다자이가 마태복음 6장 16절("너희는 금식할 때에, 위선자들처럼 슬픈 기색을 나타내지 말라.")을 에피그라프로 붙였던 것도 어쩌면 같은 논리로 설명될 수 있을지도 모를 일이다. 그것은 '웃으면서 엄숙한 것을 말하는' 논리, 곧 유머의 세계인 것이다. 다자이는 『굿바이』에 부친 작가의 변에서 다음과 같은 말을 남겼다.

당시선(唐詩選)의 오언절구(五言絶句) 중에 인생족별리(人生足別離)라는 구가 있는데, 나의 어떤 선배는 이를 "'사요나라'(=안녕)뿐인 것이 인생이다"라고 번역하였다. 서로 만났을 때의 기쁨은 금방 사라져버리지만, 별리의 상처받은 마음은 깊어서, 우리는 언제나 석별의 정 속에 살아가고 있다고 해도 과언은 아닐 것이다.

그래서 제목은 '굿바이'. 현대 신사숙녀의 별리백태(別離百態)라고 한다면 지나친 말이 되겠으나, 여러 가지 별리의 양상을 그려볼 수 있다면 다행이겠다.

"'사요나라'(=안녕)뿐인 것이 인생이다." 그렇다면 『굿바이』는 세상과 자기 자신에게 여러 번 '사요나라'를 고하려고 했던 다자이가 최후로 남긴 사세(辭世)의 구(句)라고도 하겠다.

데카당스와 허무에 침식되면서도 그것을 댄디즘적인 필체로 세련되게 그려나갔던 다자이는 1935년경 우치무라 간조의 수상집(隨想集)을 읽고 큰 감명을 받는다. 그리고 이것이 계기가 되어 우치무라의 제자인 쓰카모토 도라지(塚本虎二, 1885~1973)가 간행하던 잡지 《성서지식》(聖書知識)을 접하게 되었다.² 성서와 기독교에 대한 다자이의 이해에 대해서는 그의 인생과 작품에 대한 시기 구분과 함께 다양한 논의가 이루어지고 있지만, '일본에서 태어난 나의 그리스도'의 문학적 계보를 찾아가는 우리가 관심을 가지는 것은 『교겐의 신』, 『휴먼 로스트』(HUMAN LOST)(1937), 『고소』(駈け込み訴え)(1940), 그리고 『우다이진 사네토모』(右大臣實朝)(1943)에 이르는 일련의 작품들이다.³ 이 작품들에 관심하는 이유는 여기에서 다자이의 내적·외적 삶을 지배하였던 가파른 위기와 그 위기로부터 벗어나려는 시도가 그리스도에 대한 이해를 축으로 하면서 이루어진다고 여겨지기 때문이다.

『교겐의 신』에는 자신이 했던 자살 행위를 기억하면서 역시 자살하기 위해 가마쿠라로 가는 내용인데, 주인공은 물론 다자이 자신이

다.(그의 이름은 실명으로 등장한다.) 작품 속에서 한때 군인이었다고 설정된 그는 동료들을 저버리고 혼자 도망하는데, 남겨진 동료들은 모두 목숨을 잃었다. 좌익운동에 관계하다가 스스로 경찰에 출두하여 '전향'한 전력도 있는 다자이는 "배반자〔裏切者〕로서 받아야 할 엄혹한 처벌을 기다리지만" 그 처벌을 기다리지 못해 스스로 목숨을 끊고자 한다. 그것도 가장 파렴치하고 퇴폐적인 방법으로 죽기로 결심하고 "한 사람이라도 더 많은 사람에게 심판받고 조소당하며 매도당하기 위해서" "유부녀와 함께 정사(情死)를 꾀했던 것이다." "나는 22세, 여자는 19세. 12월. 혹한의 야반에 여자는 코트를 입은 채, 나도 망토를 걸친 채, 물에 뛰어들었다. 여자는 죽었다. 고백하노니, 나는 이 세상에서 이 사람만을, 이 몸집이 작은 여성만을 존경한다. 나는 옥에 갇혔다. 자살방조죄라는 이상한 죄명이었다. 그때 물에 뛰어들었던 장소가 에노시마(江の島)였다. 나는 차를 타고 가던 중 복받쳐 오르는 추억에서 깨어나 에노시마에서 내렸다."

되는대로 가마쿠라행 전차를 탔다. 오늘 밤 죽는 거다. 그때까지 남아 있는 시간을 나는 행복하게 쓰고 싶었다. 덜컹덜컹, 천천히 달리는 전차에 흔들리면서 암울하지도 않고, 황량하지도 않고, 고독의 극한도 아니고, 지혜의 끝도 아니며, 광란도 아니고, 바보 같은 생각도 아니고, 목 놓아 우는 것도 아니고, 고뇌〔悶悶〕도 아니고, 엄숙함도 아니고, 공포도 아니고, 형벌도 아니고, 분노도 아니고, 체념도 아니고, 처량함도 아니고, 평화도 아니고, 후회도 아니고, 깊이 생각하는 것도 아니고, 타산도 아니고, 사랑도 아니고, 구원도 아니고, 언어를 가지고 그렇게 화려하게 과시

할 수 있는 감정의 간판은 하나도 갖고 있지 못했다. 나는 심각하지 않았다.

　다자이는 죽음과 인생, 그리고 그에 대한 감정을 끝없이 부정해나가면서 일체의 감정을 지워나간다. 감정의 현란함은 감정의 끝없는 부정에 의해서 그 극한에 이른다. 마치 신에 대한 규정을 하나씩 지워나가는 부정신학(否定神學)에 의해서 신에 대한 무한한 묘사의 가능성이 열리는 것과 마찬가지다. 그런데 그 극한에서 다자이는 갑자기 배가 고프다고 느껴서 식당에 들어간다. 그리고 거기에서 그는 이상한 체험을 하게 된다.

　엷게 어두운 식당의 벽에는 멋지고도 커다란 이발소 거울이 붙어 있었다. (중략) 믿어주게나. 거울 속의 나의 얼굴에, 이 세상에는 없는 깊고도 부드러운 우색(憂色)이 감돈다. 따라서 고아(高雅)함이, 인력거꾼들이 주로 드나드는 싸구려 식당에서 혼자 소고기 냄비의 파나 뒤적거리고 있는 남자의 얼굴은, 웃어서는 안 되네, 그리스도 그 자체였다고 하겠다.

　동료를 배반한 죄를 스스로 받기 위해 자살을 기도하나, 그 자살은 자신의 배신 행위와는 아무런 관계도 없는 사람만을 죽음으로 몰아넣었다. 하나의 배반은 또 다른 배반을 낳았던 것이다. 그러한 부조리에 종지부를 찍으려는 순간, 그는 자신의 얼굴에 오버랩되어오는 그리스도의 얼굴을 발견하게 된다. 다자이는 『고뇌의 연감』(苦惱の年鑑)에서 "그리스도, 나는 그 사람의 고뇌만을 생각했다"라고 아포리즘적으로 쓰고 있지만, 그에게 그리스도는 삶과 죽음의 경계를 방황하는 자가

하는 고뇌의 결정체(結晶體)였다.

『휴먼 로스트』는 다자이가 파비날 중독 현상을 보여 도쿄 이타바시구(板橋區)에 있는 정신병원에 입원하였던 시기(1936년 10월 13일부터 11월 12일)에 남긴 기록이다. 그 가운데 성서와 그리스도에 대해서 언급하는 부분만을 발췌해보면 다음과 같다.

(10월) 23일

규약이라는 창(槍)에 꿰어져 들려진 둥근 코의 그리스도

26일

그리스도의 비굴(卑屈)을 얻고자 수업(修業)하였다.

성서 한 권에 의해 일본의 문학사는 일찍이 그 유례가 없을 정도로 선명하게 둘로 나누어진다. 마태전(傳) 28장, 이를 전부 읽는 데 3년이 걸렸다. 마가, 누가, 요한, 아아! 요한전(傳)의 날개를 얻는 것은 언제쯤이나 될까?

29일

십자가의 그리스도, 그는 하늘을 우러러보지 않았다. 틀림없다. 땅에 가득한 사람의 아들의 무리들을 원망스럽다는 듯이 내려다보았다.

(11월) 1일

사네토모(實朝)를 잊지 못한다.

4일

"너를 고소하는 사람과 함께 법정으로 갈 때에는, 도중에 얼른 그와 화해하도록 하여라. 그렇지 않으면, 고소하는 사람이 너를 재판관에게 넘겨주고, 재판관이 옥리에게 내주어서, 그가 너를 감옥에 가둘 것이다.

내가 진정으로 너희에게 말한다. 너희가 마지막 한 푼까지 다 갚기 전
에는, 거기에서 나오지 못할 것이다."(마태복음 5:25~26)

만추의 시끄러운 밤(晚秋騷夜), 나는 완벽한 패배를 자각하였다.

그 한 푼에 웃고, 그 한 푼에 얻어맞은 것에 불과하다.

나의 눈동자는 더럽혀지지 않았다.

"물이 불보다 강한 것을 알라. 그리스도의 부드러운 위엄(嫋々の威嚴)

이야말로 배워야 할 바의 것이다."

그 이외에는 아무것도 없다.

'하나의 수인(囚人)'으로 정신병원에 유폐(幽閉)되어 '완벽한 패배'
를 자인하는 다자이에게 병원 생활은 '그리스도의 비굴(卑屈)을 얻고
자 수업' 하는 것으로 받아들여졌다. 그는 그리스도가 십자가에 매달
렸던 것처럼, 병원의 규약이라는 날카로운 창에 꿰어져 높이 달린 채,
중인환시(衆人環視)의 부끄러움을 당한다. 그것은 자살하기 위해 여인
과 함께 물에 뛰어들었다가 "미수에 그쳐 사람들에게 비난의 눈초리
를 사고, 적의 그물에 걸린 꼴이 되어 치욕을 당하는"(『교겐의 신』) 모
습이기도 하였다. 그래서 다자이의 눈에 비친 그리스도는 하늘을 우
러러 신에게 호소하는 모습이 아니라 자신을 배반하고 자신을 죽음에
게 넘겨준 지상의 사람들을 원망스럽다는 듯이 바라보는 그리스도였
다. 하지만 이제 그리스도는 불과 같이 일거에 모든 것을 태워버리려
는 분노와 증오의 화신이 아니라 모든 것을 부드럽게 감싸는 물이 되
어 다가온다. 그리고 중요한 것은 물이 불보다 강하다는 사실, 그리고
우리가 배울 것은 물을 닮은 그리스도의 '부드러운 위엄' '이외에는

아무것도 없다'는 사실이다.

11월 12일에는 '시안초고'(試案下書)라는 글귀 밑에 이제부터 자신이 쓰려고 하는 작품에 대해서 언급하는데, 그중의 하나가 『유대의 왕』 즉 그리스도전(傳)이었다. 다자이는 "플랜을 정하였으므로 천천히 써내려갈 예정입니다. 다른 잡문은 대강 거절할 생각입니다"라고 덧붙였다. 그의 글은 "이날 오후 1시 반 퇴원"이라는 문장 밑에 성서를 인용함으로써 끝난다. 그가 굵은 글씨로 인용하는 성서 구절은 "너희의 원수를 사랑하고, 너희를 박해하는 사람을 위하여 기도하여라"를 포함하는 산상수훈의 일부(마태복음 5:43~48)이다.

사네토모와 그리스도

다자이는 『인간 실격』(人間失格)(1948)에서 주인공 오바 요조(大庭 葉藏)의 수기(手記)를 빌려 "부끄러움이 많은 생애를 살아 왔습니다"라고 고백하고 있는데, 그가 말하는 '부끄러움'의 일단이 동료를 배반하고, 동반 자살했던 사람을 배반하고 혼자 살아남은 사람이 겪는 부끄러움이라고 읽을 수 있다면, 『교겐의 신』과 『휴먼 로스트』를 관통하는 '붉은 실'은 『고소』와 『우다이진 사네토모』에까지 그대로 연장된다고 하겠다. 그 '붉은 실'이란 다자이도 인용하고 있는 예수의 말씀인 "너희의 원수를 사랑하고, 너희를 박해하는 사람을 위하여 기도하여라"의 실천의 문제인바, 다자이에게 있어서 그를 '박해하는 원수', 그러므로 그가 '사랑하지 않으면 안 되는 원수'는 바로 그 자신이었다고 생각해본다면, 이는 결국 자신 안에서 대립, 항쟁하는 두 요소 사이의 화해라고 하겠다.

가사하라는 다자이의 내면에는 이상적 인간상으로서의 사네토모가 있음과 동시에 그 사네토모를 살해하는 구교(公曉)가 자리 잡고 있다고 지적하고 있다. 이는 자신 안에 그리스도적인 모습과 유다적인 모습이 공존함을 의미한다. 나아가 가사하라는 "다자이가 믿고 있던 신은 '사랑이라는 단일 신'(『만원』(滿願))이었지만, 현실적으로는 그리스도와 유다라는 모순 대립에 괴로워하는 형태로 나타난다"고 쓰고 있다.4 즉 다자이의 내면에서 그를 번롱(翻弄)하고 '박해하는 원수'와의 대립이 그리스도와 유다의 대립(『고소』), 사네토모와 구교의 대립(『우다이진 사네토모』)으로 표상되었던 것이다.

『고소』는 예수를 독점하려던 의지가 좌절되었을 때 예수에 대한 애정이 질투와 분노로 변하고, 급기야는 예수를 배반하고 마는 유다의 독백이다. "아룁니다. 아룁니다. 주인님, 저 사람은 추합니다. 추합니다. 네, 정말 꼴 보기도 싫은 놈입니다. 나쁜 사람입니다. 아아, 더 이상은 참을 수 없습니다. 살려두어서는 안됩니다." 이렇게 예수를 고발하는 유다는 자기와 동년배이면서도 자신의 '스승이고 주(主)'인 예수를 한때는 그 누구보다도 사랑하였던 인물이었다. "저는 그 사람을 사랑하고 있습니다. 저 사람이 죽는다면 저도 같이 죽을 겁니다. 저 사람은 그 누구의 것도 아닙니다. 저의 것입니다. 저 사람을 다른 이에게 넘겨줄 바에는 넘겨주기 전에 제 손으로 죽이고 말겁니다." 유다는 또한 예수의 아름다움에 감격한 인물이다. "저다지도 아름다운 사람은 이 세상에는 없습니다. 저는 그 사람의 아름다움을 순수하게 사랑하고 있습니다."

그러나 예수가 다른 사람에게 관심을 보이자 예수에 대한 유다의 사랑은 새파란 불꽃이 이는 미움과 분노로 타오른다. 또한 유다는 예수가 자신을 다른 제자들과는 달리 미워한다고 여긴다. 그리고 예수의 가르침에 대한 기대가 실망으로 변한 곳에서 "그 사람을 죽이고 나도 죽겠다"는 파멸의 의지가 태어난다. 이 파멸의 의지는 그러나 예수에 대한 애정의 반대편이기도 하였다. 바리새이파에 대한 예수의 저주를 듣고 난 유다는 예수가 저들에 의해서 언젠가 죽고 말 것이라고 판단하고서, "다른 사람의 손에 예수가 죽을 바에야 내가 그렇게 하겠다"고 다짐한다. "이는 그 사람에게 바쳤던 일편단심 같은 애정의 최후 인사다. 나의 의무다. 내가 저 사람을 팔고 말테다. 괴로운 입장이다. 누가 이 나의 변함없는 애정 행위를 정당하게 이해해줄 것인가. 나의 사랑은 순수한 사랑이다"라고 스스로에게 다짐하는 유다는 예수에게 가장 어울리는 복수의 길로 그를 고소하게 되었던 것이다. 오쿠노는 『고소』에 대해서 다음과 같이 해설문을 붙였는데, 이는 『고소』가 다자이 내면의 한 축을 이루는 '유다' 편에 서서 또 다른 한 축을 이루는 '그리스도'와의 화해를 추구한 작품임을 말하고 있다.

성서로부터 제재를 취했지만, 그리스도와 유다, 그것은 반입법(反立法=안티테제)의 역할을 스스로에게 부여한 다자이의 문학, 삶의 방식의 중핵(中核)에 있는 모티브다. 유다 속에 있는 그리스도에 대한 양면가치적인(ambivalent) 애증(愛憎)을 이처럼 절실하게 심리적으로 표현한 예를 찾아볼 수 없다. (중략) 여기에 다자이의 종생(終生)의 비원(悲願)이,

슬픔이, 숙명이 포함되어 있다. 그리스도와 유다의 관계는 나아가 『우다이진 사네토모』의 사네토모와 구교의 관계에서 (중략) 다시금 추구된다. 온몸으로 괴로움을 견디며, 피를 토하는 절절한 내심의 고소가 뛰어난 문학적 기예와 문체와 사상에 의해서 계산되고 뒷받침되고 있다. 문학이란 영원히 약한 소인(小人)인 유다 쪽에 있는 것은 아닐까.[5]

오쿠노는 다른 곳에서 다자이가 "그리스도를 묘사할 때 유다의 생생한 애증의 입장을 설정하지 않을 수 없었을 것이다"라고 덧붙이지만, 다자이뿐만 아니라 우리에게도 그 이외의 다른 길은 허용되지 않을 것이다. 그 누구도 그리스도의 입장에서 그리스도를 말하는 것은 허용될 수 없을 것이니, 우리가 서 있는 곳은 언제나 유다의 자리일 뿐이다. 그리고 유다처럼 "지금까지 그 사람 자신도 모르게 그 사람을 비호해왔다"고 자부하면서 예수와 하나가 되기를 바라고 또 때로는 그런 것처럼 보이면서도 여전히 예수를 이해하지 못하는 자리로 전락되는 걸 반복하는 것이 우리이기 때문이다.[6] "불과 물, 영원히 섞일 수 없는 숙명이 나와 그 사람 사이에 존재한다"는 유다의 고백이야말로 신앙과 불신앙의 역대응적(逆對應的) 관계를 잘 드러내준다.

예수와 유다의 이러한 갈등은 사네토모와 구교의 대립으로 옮겨진다. 『휴먼 로스트』에서 다자이는 "사네토모(實朝)를 잊지 못한다"라고 하였는데, 이는 가마쿠라 바쿠후(鎌倉幕府)의 제3대 쇼군(將軍)이었던 미나모토노 사네토모(源實朝, 1192~1219)를 가리킨다. 다자이는 가마쿠라 시대의 사료집인 『아즈마카가미』(吾妻鏡)나 사네토모의 가집(家集)인 『긴카이와카슈』(金槐和歌集) 등을 참조로 하면서 이 사네토모를 주인공으로 한 작품 『우다이진 사네토모』를 썼다. 사네토모는 쓰루가 오카 하치만구(鶴岡八幡宮)에서 자신의 조카인 구교(公曉)에게 살해된다. 구교는 자신의 아버지인 미나모토노 요리이에(源賴家)가 숙부인 사네토모와 호조 요시토키(北條義時)의 음모로 살해되었다고 믿고, 그 복수를 하기 위해 사네토모를 암살하였던 것이다. 그렇다면 우선 형식적으로 보더라도 사네토모와 구교의 관계는 그리스도와 유다의 관계에 대응한다고 할 수 있다.

흥미로운 것은 다자이가 마치 누가복음의 기자가 예수에 관한 일을 데오빌로에게 보고하는 것과 유사한 어투로 소설의 첫머리를 시작한다는 점이다.

하문(下問)하셨던 가마쿠라 우다이진 님에 대해 제가 보고 들은 바에 따라서 가능한 한 최선을 다해서 허식을 피하고 있는 그대로를 알려드리도록 하겠습니다. 틀림이 없도록, 가능한 한 주의하면서 말씀을 드리도록 하겠습니다만, 그래도 만에 하나 연대(年代)를 잘못 기억한다든지 혹은 사람의 이름 등을 실념(失念)한다든지 하는 일이 있을지도 모르겠습니다. 그것은 제가 다른 사람들보다 훨씬 머리가 나쁜 탓이니 가볍게 웃어 넘겨주시기만을 삼가 바라옵니다.[7]

『우다이진 사네토모』는 사네토모가 구교에게 암살된 후 "꽃을 보아도 달을 보아도 그분의 일이 선명하고도 뚜렷하게 생각이 나서 견딜 수 없습니다"라고 고백하는 그의 부하[=긴슈, 近習]의 보고를 내용으로 하는데, 여기서 우리는 "괴로울 때는 반드시 사네토모를 생각한

다",(『철면피』(鐵面皮)) “그리스도, 나는 그 사람의 고뇌만을 생각했
다"는 다자이의 글을 오버랩시키게 된다. 이러한 오버랩이 자의적인
것이 아님은 위에서 논한 바에 의해 이미 설명이 된다고 하겠거니와,
사네토모에 대한 다자이의 묘사를 살펴본다면 이러한 주장이 더욱 신
빙성을 얻을 수 있을 것이다.

사네토모는 ‘천의무봉’(天衣無縫)하고 ‘삿됨이 없는 영감(靈感)’과
‘순진무구한 마음’의 소유자로 그려진다. “마음이 한없이 부드러우신
그분의 얼굴에는 조금의 상처가 생긴다고 해도 그로 인해서 더욱 얼
굴이 아름답게 될 뿐, 추하게 되는 일은 절대 없었다고 저는 믿습니
다.” 그의 마음은 “언제나 초여름의 푸른 하늘과도 같이 상쾌하게 개
어 있으며, 사람을 싫어한다든가 미워한다든가, 화를 낸다든가 하는
일은 어찌 된 일인지 전혀 없고, 아무런 편견도 없이 모든 이를 사랑
하시었으며, 아무것에도 집착하시는 일이 없이 물이 흐르듯이 자연스
럽게 행동하는” 인물이었다. 그가 사용하는 언어는 ‘세상을 버린〔世捨
人〕 무뢰(無賴)한 사람의 언어’였고, 무인으로서 수많은 정쟁(政爭)의
소용돌이를 경험하면서도 ‘신품(神品)에 가까운 시〔歌〕’를 짓는 교양
과 인격을 지닌 인물이었다.

이러한 사네토모의 모습은 구교와는 철저하게 대립된다. 긴슈는 구
교 선사(禪師)에 대해서 “어릴 적부터 저 천하고 이가 밖으로 드러나
며 유약한 웃는 얼굴은 그대로여서, 어딘지 경박하여 믿음직하지 못
하며, 너무 붉은 입가나 눈빛도 불결하고 음란하기까지 하다고 느껴
져서, 장군의 순일(純一)하며 대범하고 유연한 태도와 비교한다면, 역
시 천성에 있어서 현격한 차이가 있다고 나는 느꼈습니다”라고 회상

한다.

사네토모를 엄습하는 비극의 운명은 긴슈와 구교의 대화에서 암시된다. 구교는 사네토모 앞에 서면 "내 몸이 더럽게 보여서 견딜 수 없어. 그 사람에게는 예전부터 상대가 안 돼"라고 하면서 사네토모에 대한 열등감을 내비친다. 그리고 그 열등감은 바로 분노로 변한다. "그 사람은 나를 심하게 싫어하는 것 같다. (중략) 그 사람들에게는 나처럼 어렸을 때부터 여기저기 떠돌아다니면서 이 세상의 수고를 해온 남자가 아무래도 더러워서 견딜 수 없겠지. 나는 그 사람에게 끝없이 경멸되고 있는 것 같은 생각이 들어. 태어나서 한 번도 세간의 수고를 해본 적이 없이 자라난 그런 사람들에게는 이상한 강함이 있거든." 구교는 자신을 '경박한 야심가'라고 자학적으로 부르지만, 이는 사네토모에 대한 비난의 다른 축일 뿐이다. "시골 사람이면서 도쿄 사람과 풍류를 논하며, 자신이 품위를 지녔다고 이상하게 뽐내는 놈과, 시골에 낙향한 사기꾼〔山師〕은 같이 살아갈 수 없다. 나는 저 진나케이(陳和卿)처럼 장군 앞에서 엉엉 울지는 않지만, 어찌 된 일인지 금방 비굴한 웃음을 짓고 말아. 나는 내가 싫어서, 싫어져서 견딜 수 없어. 안 돼, 안 돼, 이대로는 안 돼. 죽는다. 나는 죽는 거야. (중략) 숙부님은 내가 사기꾼이라는 것을 꿰뚫어보시고 있어. 진나케이와 같은 부류의 인간이라고 생각하고 있어. 나는 미움을 받고 있어. 그래서 나도 저 시골 놈을 관을 쓴 원숭이처럼 우스운 놈이라고 생각하고 있어."

불길한 느낌을 받은 긴슈는 "선사께서는 다시 교토에 가시고 싶으신 것 같습니다"라고 간접적으로 충언하지만, 돌아온 것은 "어디에 가더라도 마찬가지일지 모릅니다"라는 들릴 듯 말듯 한 사네토모의 대답이었다. 긴슈는 "내 기분이 그래서였는지는 몰라도 매우 슬픈 어조로 중얼거렸다"고 느꼈는데, 어쩌면 사네토모는 자신의 파멸에 대한 운명을 예감하고 있었는지도 모른다. 자기 파멸에 대한 암시는 이미 사네토모가 지은 와카에도 포함되어 있다.

밝음은 파멸의 모습일거나. 사람도 집도 어두운 동안에는 아직 멸망하지 않는다.(アカルサハ, ホロビノ姿デアロウカ. 人モ家モ, 暗イウチハマダ滅亡セヌ.)

오쿠노는 『우다이진 사네토모』에 붙인 해설에서 이렇게 말한다.

다자이는 젊은 시절, 파멸이나 패배가 정해졌을 때 반드시 사네토모를 생각하였다. 요리토모(賴朝)가 죽은 후 호조(北條) 가를 둘러싼 어두운 항쟁에서 파멸하는 것, 젊어서 죽음을 예감하면서 의연하게 궁정의 길을 걸어가고, 저 만요슈(万葉集) 이래 위대한 『긴카이와카슈』를 남겼던 천재 가인(歌人), 사네토모의 운명은 그의 젊은 날부터 이상상(理想像)이었다. 사네토모에게 자신을 빗대었던 것이 또 얼마나 많이 있었던가.

사네토모는 그에게 있어서 일본화한 그리스도였다. 십자가에 달릴 것을 예감하면서 부드러움 속에서 의연하게 복음을 설파했던 예수는 그의 마음속에서 사네토모와 겹쳐진다. 『우다이진 사네토모』의 원상(原像)은 『고소』의 그리스도이고, 인색한 인간과 인생에 대극(對極)이 되는 무상(無償)의 정신의 이상상이었다. 그리스도에 대한 유다의 역할에 『우다이진 사네토모』에서는 구교를 배치하였던 것이다.[8]

『고소』에서 다루어진 주제는 다자이의 평생에 걸친 주제라고 보았
던 평론가 사토의 말대로,[9] 다자이의 주제는 "너희의 원수를 사랑하
고, 너희를 박해하는 사람을 위하여 기도하여라"라는 예수의 말씀의
내면화에 있었다. 자기 자신이 가장 미워하고 자기 자신을 박해하는
원수, 그러면서도 사랑하지 않으면 안 되는 원수는 자기 자신 이외에
달리 없기 때문이다. 이 영원히 화해를 알지 못하는 내면의 대립이야
말로 고뇌하는 그리스도를 만나는 장소는 아니었을까? 자신을 배반
하는 유다를 '원망스러운 듯이 내려다보는' 그리스도의 고뇌, "어디
에 가더라도 마찬가지일지 모릅니다"라면서 자신의 운명을 받아들이
는 사네토모의 고뇌, 그 '어두운' 고뇌야말로 다자이에게는 구원의 장
소가 아니었을까? 사네토모가 노래하고 있듯이 "사람도 집도 어두운
동안에는 아직 멸망하지 않는다." 거기에는 구원의 가능성이 아직 남
아 있는 것이다.

시이나 린조의
'아름다운 그리스도'

"내 손과 발을 보아라. 틀림없이 나다."

_ 누가복음 24:39

"내 손과 발을 보아라. 틀림없이 나다."

_ 누가복음 24:39

폐허(廢墟)로서의 존재

　평론가 가사하라는 기독교와 일본 근대 문학자 사이의 상관관계를 논함에 있어서 중요한 것은 그들이 영향을 받았던 기독교 신앙이 어떠한 내용이었는가 하는 것보다는 일본의 문학자들이 기독교 신앙을 주체적으로 어떻게 수용하였는가라는 점이라고 잘라 말한다.(이때 그 내용이 정통주의적인 것인지 혹은 이른바 이단적인 것인지는 상관없다.) 메이지 시대에 많은 문학자들이 기독교를 접하였지만 얼마 가지 않아서 기독교를 버렸던 것은 그들에게 있어서 기독교가 단순히 하나의 새로운 외래 사상으로 받아들여졌으며, 따라서 기독교에 입신하는 것이 '일종의 유행 현상'이었다고 가사하라는 진단한다. 나아가 그는 다이쇼(大正) 시대부터 쇼와(昭和) 시대에 이르기까지 기독교 신앙을 갖지 않았으면서도 진지하게 성서를 읽었던 문학자로 아쿠타가와와 다자이를 거론한 후, 일본 근대의 '문학 혹은 문학자에게 있어서 기독교'라는 문제가 "아쿠타가와와 다자이를 복선(伏線)으로 하면서 전후의 시이나 린조(椎名麟三)에 이르러 꽃을 피웠다"고 평하고 있다.

또한 가사하라는 메이지 기교(棄敎) 문학자의 대표 격으로 구니키다 돗포(國木田獨步, 1871~1908)를 거론하면서 '구니키다-다자이-시나'에 이르는 선에서 일종의 변증법적 종합의 과정을 읽어낸다. 심정적 계기가 있어 입신하여 역시 동일한 계기에 의해서 기독교를 버렸던 구니키다를 '테제'〔正〕라고 한다면, 자살 미수를 거듭하는 등의 위기 상황에서 성서를 접하고 공감하면서도 결국은 기독교에 입신하지 못했던 다자이는 '안티테제'〔反〕라고 할 수 있다. 그렇다면 전후의 허무적 상황 속에서 도스토옙스키 등을 통해 기독교와 만나 세례를 받고, 나아가 자신의 신앙 체험을 문학 작품으로 남겼던 시이나는 '신테제'〔合〕라고 볼 수 있다는 말이다.[1]

가사하라의 이러한 보고는 이 장에서 논하고자 하는 시이나 린조가 일본 근대 문학사에서 차지하는 위치를 단적으로 보여주는 평가라고 하지 않을 수 없다. 이 장 평가에 의한다면 시이나는 형식적이지만(?) 일시적으로 기독교와 접한 후 기독교를 버렸던 이른바 기교 문학자들의 전통과, 기독교에 입신하지는 않았으면서도 내용적으로는 기독교의 세례를 받았다고 볼 수 있는 또 하나의 전통을 종합하는 작가로 자리매김할 수 있을 것이다. 바꾸어 말한다면, 시이나야말로 형식적으로도 내용적으로도 기독교와 진지하게 관계하였던 대표적인 기독교 문학자라고 평가할 수 있다는 말이 될 것이다.

본명이 오츠보 노보루(大坪 昇)인 시이나 린조(1911~1973)는 1911년(메이지 44년) 효고현(兵庫縣) 시카마군(飾磨郡)(현재의 히메지시(姬路市))에서 태어났다. 농촌 출신이었던 어머니 미스(みす)는 오사카

(大阪)에서 조추(女中, 남의 집에 기거하면서 그 집의 일을 도와주는 여자)로 일하던 시절 구마지(熊次)를 알게 되어 임신까지 하게 되었다. 정식으로 결혼도 하지 않은 상태에서 그녀는 고향에 돌아가 시이나를 낳았다. 하지만 아이가 태어난 지 3일째 되던 날, 어머니는 갓난아이를 안고 철로에 뛰어들어 자살을 기도하였다. 다행히 사전에 발견되어 경찰서에 보호 조치되었고, 당시 오사카에서 경찰로 일하던 아버지 곁으로 갓난아이를 보냈다.

이후에도 시이나는 부모의 갈등과 별거, 그리고 이어지는 어머니의 가출, 어머니의 발병과 입원, 신흥 종교에 몰두하다가 다른 남자와 관계를 갖게 되고, 끝내는 자살 미수까지 벌이는 어머니의 행각을 빠짐없이 목도하지 않으면 안 되었다. 이러한 어두운 현실은 중학 1년생이었던 시이나가 혼자 감당하기에는 너무나 무겁고 참담한 현실이었다. 그는 자신을 위로하고 받아줄 '고향'이나 '자연'으로서의 '어머니'를 너무나도 일찍 잃어버리고 말았던 것이다. 시이나에게 있어서는 "존재의 모태, 생활의 포용체, 관념의 모태, 그리고 피곤해졌을 때 돌아갈 수 있는, 무한히 관대한 허용자로서의 어머니 이미지는 처음부터 존재하지 않았다"(다카하시 가츠미, 高橋克巳)는 지적에서 알 수 있듯이, 아무런 보호막도 없이 이 거친 세상에 홀로 던져져 있다는 의식은 시이나에게 있어서 원체험(原體驗)과도 같은 것이었다.

이른바 "어머니 되신 분의 결락(缺落)"이야말로 "그 원초적 이미지로 시이나 문학을 깊게 지배하고 있으며, 그가 그리는 독자적인 그리스도상도 이러한 분위기 속에서 탄생하였던 것이다"[2]

기독교 세례를 받은 이후인 1952년에 발표된 『해후』(邂逅)라는 작품의 주인공 이름은 후루사토 야스시(古里安志)인데, 사토가 말하듯이 "너무나도 우의적인 이름이라고 하더라도 이를 야유할 수 없는 이유"는 "돌아갈 수 있는 고향을 지니지 못하고 언제나 노출된 존재로 살아가지 않으면 안 되었던" 시이나를 떠올리지 않을 수 없기 때문일 것이다.3 주인공 이름인 '후루사토 야스시' (성(姓)인 '후루사토' 는 고향을, '야스시' 는 문자 그대로 평안함을 의미한다. – 필자 주)는 과연 돌아갈 고향이나 모든 것을 받아줄 어머니 되신 분을 지니지 못하였던 시이나의 무의식적인 추구가 낳은 이름이라고 해도 무방할 것이다.

결국 시이나는 중학 3년생인 16세에 가출하여 구제(舊制) 히메지중학을 중퇴하였으며, 과물상 점원, 배달부, 수습 요리사 등의 직업을 전전하였다. 우지가와전철(宇治川電鐵, 현재의 산요전철(山陽電鐵))에서 차장으로 근무하던 중 일본 공산당에 입당하였으며, 1931년(쇼와 6년) 특고(特高)에 검거되어 혹독한 취조를 받았다. 그는 옥중에서 취조를 받으면서 "나는 과연 대중을 사랑하고 있는가", "자신의 동료가 만일 사형 선고를 받는다면, 자신이 그를 대신하여 죽을 수 있을까"라고 자문하였다. 그는 이 물음에 '그렇다' 고 대답할 수 없는 자신을 발견하고 깊은 니힐리즘에 빠졌으며, 이는 아직 신을 알지 못하고 있던 시이나에게 자신이 어쩔 수 없는 한계를 지닌 죄인이라는 사실이 여과 없이 폭로되는 계기가 되었다. 그는 징역 3년에 집행유예 5년의 판결을 받고 출소한다.

이후 시이나는 니체, 쇼펜하우어, 딜타이, 키르케고르, 베르그송, 짐멜, 야스퍼스, 하이데거 등을 읽으면서 이들 "선생들로부터 그리스도의 이름을 알게 되고 성서를 읽었다." 그러나 여전히 "더욱 깊은 허무로 빠져들 뿐이었다"고 술회한다. 시이나가 빠져들었던 '허무'는, 1951년도에 노벨문학상을 수상하였던 라게르크비스트(Pär Lagerkvist, 1891~1974)가 단편 「지옥으로 내려가는 엘리베이터」에서 "엘리베이터는 계속 내려간다"라는 문구를 연이어 반복하면서 드러내고 있는 것처럼, 우리는 한없이 끌고 내려가는 깊은 수렁이었다. "도대체 이게 어떻게 된 셈이야! 밑창 없는 구멍 속으로 떨어져 내려가는 것 같아. 벌써 퍽 오랫동안 이러고 있었을 텐데"라는 외침은 비단 '지옥으로 내려가는 엘리베이터'를 탄 주인공 욘손의 절규만은 아니다. 그것은 인간 모두의 근본 조건이고, 작가 시이나를 사로잡고 있는 현실이기도 하였다. 시이나는 공산주의 운동에서는 '전향'하였지만, 사토가 말하고 있듯이 그 '전향'은 '그 무엇으로부터의' 전향이었을 뿐, '그 무엇을 향한' 전향은 아니었던 것이다. 시이나는 아무런 받침대를 지니지 않은 허무의 심연으로 그저 '내려갈' 뿐이었다.

이처럼 작가 시이나 린조를 둘러싼 현실은 '돌아갈 곳 없이 내던져진 채 모든 것이 무너져버린' 문자 그대로의 '폐허'(廢墟)에 다름 아니었다. 희곡 작가이면서 평론가인 다카도 가나메(高堂 要, 1932~2001)가 시이나의 『무거운 흐름 속에서』(重き流れのなかに)의 주인공 독백 가운데 "나는 다만 하나의 폐허다. (중략) 지금 내가 있는 것은 다만 구체적인 죽음을 향해 존재하는 하나의 폐허에 불과하다"를 인용하면서 말하고 있듯이, 시이나의 작품 전체를 꿰뚫는 기본 정조(情調)는 자신을 둘러싼 내적·외적 폐허에 대한 신음이 빚어내는 깊은 허무감 이외에 다른 것이 아니었다. 이 '폐허'는 단지 패전 후 일본의 암울한 풍경을 말하는 것이 아니라 "언제까지나 폐허인 채로 머무는

폐허이고, 종말에 있어서도 무너져버린 그대로의 폐허다." 시이나에게 있어서 폐허는 그야말로 원초적인 현실인 것이다.

시이나 린조는 폐허(廢墟)의 한복판에서 태어난 작가이고, 어디를 둘러보아도 무너진 돌더미나 잿더미의 황야로 변한 전후 일본의 폐허로부터, 그리고 이와 동시에 모든 세계관, 인간관, 역사관은 물론이고 살아갈 의미와 의욕을 모두 상실해버린 내적인 폐허로부터 작가 시이나 린조는 태어났다. 폐허는 작가 시이나 린조의 모태(母胎)였다.[4]

폐허가 단순히 일시적이고 외적인 상황에 그치는 것이 아니라 작가로서의 시이나에게 있어서 근본 체험이라고 한다면, 시이나의 작품이라는 것은 그러한 '폐허 자체가 외치고 신음하는 문학', 다시 말해 '폐허'의 자기 외화라고 보아도 무방할 것이다. '폐허'로서의 인간 존재가 '말할 수 없는 것을 말하려고 하면서' 태어나는 문학은 언어가 되지 못하는 언어로서의 외마디 비명과 신음이 되지 않을 수 없을 것이다. 이런 점에서 "폐허가 굴러가는 소리, 폐허가 무너지는 소리, 폐허가 흔들리는 소리로서의 절규와 신음이야말로 시이나 문학의 알파이고 오메가인 것이다."[5]

『아름다운 여자』와 부활의 예수

시이나가 『나의 성서 이야기』(私の聖書物語)(한국어 번역은 『내가 믿는 그리스도』)에서 말하고 있는 것처럼, "팔방이 막혀서 살아나갈 길을 잃어버리고 있던" 시이나에게 "비록 구원될 가망이 없더라도 살려달라고 부르짖을 수는 있겠다는 것을 가르쳐주었던"[6] 것은 다름 아니라 도스토옙스키였다. 시이나는 "살아가는 의미는 없어도, 살아갈 이유에 해결점을 찾지는 못해도, '도움을 받았다'라고 외치는 것은 그래도 가능하다는 사실을 도스토옙스키로부터 배워 눈을 뜨고, 이 '외침'을 문학 작품의 본질로 삼았던 것이다."

전후(戰後) 『심야의 주연』(深夜の酒宴, 1947)으로 문단에 데뷔한 시이나는 『무거운 흐름 속에서』(1947), 『후카오 마사하루의 수기』(深尾正治の手記, 1948), 『영원한 서장』(永遠な序章)(1948), 『붉은 고독자』(赤い孤獨者, 1951)를 이어서 발표하였다. 이들 일련의 작품에서 확인되는 것은 '촉루'(觸髏)처럼 실체를 잃어버린 '유령'으로 살아가고(『심야의 주연』), 인간에 대한 사랑 때문에 오히려 절망에 빠지며(『무거운 흐름 속에서』), "이 지상이 그대로 천국이 되지 않으면 안 되는데, 하지만 천국이라니, 누가 그것을 신용한단 말인가"라고 절규하는(『영원한 서장』) 시이나의 모습이다. 이 무렵 시이나의 영혼은 지상이 그대로 천국이 되는 '그날'을 기다리는 모습을 그린 『그날까지』(その日まで, 1949)의 한 구절로 요약될 수 있을 것이다. "신이여, 그대는, 영원히 구원받지 못하는 우리가 존재하고 있음을 알고 있는가! 그리고 우리의 피의 고통을 알고 있는가!" 문학사상 유래를 찾아보기 힘들 정도로

신랄하게 '신에 대한 고발'을 감행하였던 시이나였으나,[7] 그의 이러한 도전은 평론가 고바야시가 "자기 파산의 기념비"라고 부른 『붉은 고독자』로 연결된다. 시이나는 "'붉은 고독자'라는 이미지는, 그 언어의 선택이 졸렬하다고는 해도, 세례를 받기 이전의 내가 바라던 바를 드러낸 것이었다. 고독이 깊은 실존성을, 있는 그대로, 이 세계를 함께 사는 사람들에게 드러낸 것이다. 개인적인 자유와 전체적인 자유의 동시적 존재인 것이다"라고 절규한다.[8]

시이나는 "예수의 죽음과 부활에 의해서 찢겨진 혼의 좌절의 기록"(고바야시)인 『붉은 고독자』를 써내려가는 중이던 1950년 크리스마스에 일본 기독교단 우에하라교회(上原敎會)의 아카이와 사카에(赤岩榮, 1903~1966) 목사에게 세례를 받았다.[9] 시이나는 1948년 4월 잡지 《개성》(個性)의 좌담회인 '도스토옙스키 연구'에서 아카이와 목사를 만난 이후 그가 담임하는 교회에 출석하게 되었던 것이다. 그리고 부활한 그리스도를 만나는 회심의 체험을 하고, 이를 통해서 얻게 된 현실 인식을 작품화한 『해후』(邂逅, 1952), 자전적인 소설인 『자유의 저편에서』(自由の彼方で, 1953), 그리고 무의미한 듯이 보이는 일상 속에 깊게 내장(內藏)된 삶의 의미를 그려낸 『아름다운 여자』(美しい女, 1955)를 이어서 발표하였다.

『붉은 고독자』를 집필할 당시 시이나는 그리스도의 죽음을 그린 아비뇽의 피에타를 서재에 걸어놓고 글을 썼다고 하는데, 이는 그의 작품과 그리스도의 죽음이 지니는 상관관계를 이해함에 있어서 대단히 상징적인 의미를 지닌다. 왜냐하면 그는 그리스도의 죽음을 통해 이 세상에서 스스로를 절대시하는 모든 가치관이나 이데올로기의 허구성이 폭로되고, 이른바 불변의 것을 추구하려는 자신의 모든 행위가 '단순한 연극'에 지나지 않음을 알게 되었기 때문이었다. 그리스도의 죽음은 "한 점의 위안도 한 점의 구원도 없는" 죽음으로 '완전한 허무'를 의미하지만, 그 '완전한 허무'가 역으로 인간이 구성하고 추구하는 사상과 가치와 그 목표의 허구성을 여실히 드러내주는 것이다. 시이나는 또 "나는 이 시체에 질투를 느끼기까지 하였다. 이렇듯 완벽한 죽음을 지금까지 한 번도 본 적이 없다"고 했다.

시이나는 자신이 옥중에서 고문을 받았을 때의 모습을 언제나 머리에 떠올리면서 그러한 극한 상황에서는 "언제, 어떤 장소에 놓이더라도 동일한 자기 자신이고 싶다는 소박한 염원은 가엾게도 파산해버렸다"는 사실, 즉 "언제나 전체적이고 동시에 오직 하나의 자기 자신일 수가 없는 한, 어떠한 삶을 살든지 자기 자신을 배반하고만 있어야 한다"는 사실에 절망하였다.[10] 그리스도의 죽음과 부활은 이러한 절망의 종언(終焉)으로 그에게 다가왔던 것이다. 시이나는 부활한 예수가 제자들 앞에 나타나 "자기 자신이 자기 자신인 것을 증명해 보이려고 애쓰는 모습"(누가복음 24장)에서 참된 자유에 이르는 길을 발견하고 큰 충격을 받았다. "그 예수는 확실히 죽어 있는 예수이고, 동시에 또 믿을 수 없는 일이지만 확실히 살아 있는 예수이기도 하다. (중략) 생과 사가 이렇게 서로 침범함이 없이 동거하면서 서로 유일 절대의 진짜의 것이 될 수 없으면서도 엄숙히 지탱되어 있는 예수의 살과 뼈에서 나는 지금까지 본 적이 없는 인간의 참 자유를 생생하게 보았다. (중략) 죽어 있으면서 살아 있는 부활한 그리스도가 참 자유를 표현하고 있다. (중략) 나는 예수 그리스도의 살과 뼈에서 그 참 자유를, 인간의 진짜 자유를 본 것이다. 그 모순의 절대적인, 삶과 죽음을 함께 정연히 공존시키고 있는 진짜 생명을 본 것이다. 동시에 나는 지금까지의 거침돌이 여전히 거침돌이면서 사실은 그렇지 않은 것으로 변했음을 보았다."[11] 다시 말해 죽음의 죽음으로서의 그리스도 부활에 의해 죽음조차도 사실은 절대적이고 '진짜의 것'이 아니라는 사실이 폭로되는 것이다.

그런 살고 있지 않은 것, 그 죽음이 바로 그리스도가 싸운 적이었다. 우리에게 인간성을 빼앗는 갖가지 절망, 우리를 불충분하게 살 수밖에 없도록 만드는 갖가지 슬픔이나 괴로움, 우리를 사회에서 떼어놓고 사회적인 책임조차 다할 수 없게 하는 저 고독을 원수로 싸운 것이다. 부활이 그 승리다. 그는 우리와 싸우면서 적어도 나에게는 이렇게 말하고 있다.

"살아다오! 살아다오! 더욱 충분히 살아다오! 너는 그렇게 살도록 되어 있기 때문이다. 빈약한 삶이 아니라, 오늘 하루의 노고가 오늘 하루로 충분한 그러한 진짜 삶을 살 수 있도록 되어 있기 때문이다."

이리하여 그리스도는 내가 절망하여 거부하고 있던 인간성을 나에게 주었다. 그리고 그때부터 나는 살기 시작한 것이다. 왜냐하면 인간에게 한계가 있는 것이, 예를 들면 사랑에 한계가 있는 것이, 예를 들면 됫박이 물의 양을 보증하듯이, 사랑의 충분함을 보증해주기 때문이다.[12]

자신이야말로 일체의 주인이고 자기 자신이야말로 진짜라고 집착하는 '무거운 짐', 달리 표현한다면 "마치 하나님이라도 된 듯이 자기 자신을 내려다보고 있는 자기 자신"으로부터의 참 자유를 선사하는 것이 예수의 부활이었던 것이다. "인간적인 일체의 사실이라는 것은 상대적인 것이어서 유일 절대적인 '진짜의 것'이 될 수 없다는 게 예수 부활의 증언이다. 거기서는 모든 게 거짓이라 해도, 자기 자신이 죽는다는 사실만은 진짜라고 한 그 죽음조차도 절대적인 인간의 사실이 되어 있지는 않은 것이다. 부활의 예수는 말한다. '손과 발을 보아라. 확실히 나는 진짜로 죽었지만, 그러나 진짜로 살아 있다.'"[13]

　『아름다운 여자』(美しい女)는 작가의 이와 같은 정신적·신앙적 상황 속에서 태어났다. 이 작품은 시이나가 45세가 되던 1955년부터 다음 해까지 1년간 《추오코론》(中央公論)에 연재되었다. 시이나의 작품 중에서도 가장 많은 독자를 획득한 작품으로 평가되는 이 소설은 1955년도 예술선장문부대신상(藝術選獎 文部大臣賞)을 받았는데, 이 작품을 뽑은 이유로 "사회 속에서 성실하게 살고자 하는 평범한 사람의 원형을 평이한 문체로 훌륭하게 적출한, 전후 문학에 새로운 인간상을 가져다주었다"는 것이었다. 기성 문단에 대한 도전과 반항의 상징이었던 시이나가 위와 같은 상을 받았다는 사실과 이 작품에 대한 선평을 둘러싸고 여러 가지 의견이 혼재하는 것이 사실이다.[14] 하지만 '일본에서 태어난 나의 그리스도'의 문학적 계보를 탐색하는 우리가 주목하는 것은 『아름다운 여자』가 "일본에 있어서 기독교 문학의 탄생 = '부활의 리얼리즘'의 실현이라고 하는 새로운 '세계 문학'으로 재평가되지 않으면 안 된다"[15]라는 평가일 것이다.

　시이나는 1929년부터 1931년에 걸쳐 우지가와전철에 취직한 적이 있는데, 그 철도 회사에 근무하였던 개인적인 경험이 『아름다운 여자』의 배경이 되고 있다. "간사이(關西)의 한 민간 철도 회사에서 일하고

있는 이름도 없는 노동자"라고 그려지는 주인공 기무라 스에오(木村
末男)는 다름 아닌 시이나 자신일 것이다. 이 소설의 근본 테마를 한
마디로 요약한다면, 언제나 미소 짓고 있는 신비한 '아름다운 여자' 의
이미지가 주인공의 내면에 머물고 있어서, 그 '아름다운 여자' 에 의해
서 주인공의 일상생활이 건전하게 유지된다는 것이다.

나의 마음에 통절하게 떠오르는 것은 아름다운 여자에 대한 생각이었
다. 이처럼 이상한 나 자신으로부터 구원해주는 아름다운 여자였다. 그러
나 나는 나의 아름다운 여자가 어떤 얼굴을 하고 있고 어떤 모습을 하고
있는지 전혀 몰랐다. 단지 아름다운 여자에 대한 생각이 떠오를 때면, 나
의 마음속에 무언가 눈부신 빛과 힘이 가득 채워지는 것만은 사실이었다.
말하자면 아름다운 여자는 마치 눈부신 빛과 힘 그 자체와 같은 상태였던
것이다.

그런데 "눈부신 빛만으로 되어 있고 그 모습은 보이지 않는 나의 아
름다운 여자"는 숨이 막힐 듯한 어려운 현실 속에서 어떻게든 숨 돌릴
수 있는 자유의 공간, 생의 의미의 공간을 주인공에게 부여해준다. 압
도적인 힘으로 보통의 인간을 짓누르려고 하는 '시대의 광기' 속에서
도, 또 인간관계에 의해 좌절하거나 오해받거나 할 때에도, '아름다운
여자' 는 그러한 어려운 현실에 지지 않고 그 현실을 뚫고 나아갈 수
있는 힘을 주는 기묘한 에너지이다. "그 묘하고도 이상한 그림자를 날
려버리고, 나의 마음에 열과 충실함을 가져다주는 눈부신 빛인 아름
다운 여자"는 "나에게 삶에 대한 충분한 의미를 주며, 게다가 그 충분

함을 충분히 살려준다"라고 작가는 쓰고 있다.

그러므로 '아름다운 여자'는 스스로를 절대화하는 모든 공상적 이데올로기로부터 '현실적'인 일상을 지켜주는 수호자다. "이러한 시시한 생활을 충분히 살아낼 수 없는 사람에게는 이 세상을 이러쿵저러쿵 말할 자격은 없다고 생각한다." 실은 익명적 일상성이야말로 현실 그 자체이며, 그러한 일상을 살아 있는 인간 이외에 무엇인가 가치가 있는 것은 아무것도 없다. 일상적 인간이란 "사회나 역사의 표면에 떠오르지도 못하고 사라져가는 인간"이지만, 우리가 "마음 저 깊은 곳에서 구하는 것"은 "비굴함이나 겁쟁이, 노예근성 같은 우스운 옷을 입고 있으면서도 그 옷 밑에서 몰래 살아가고 있는 우리의 신체"에 다름 아니다. 요컨대 '아름다운 여자'는 현실적인 "인간의 이상함을 활기차고 빛나는 것으로 만들어주는" 전환의 계기다. "진정으로 아름다운 여자"가 눈앞에 떠오를 때, "나는 사회에서 잃어버린 자신을 회복하고, 인간다움을 회복한 느낌이 들어서 가엾게도 눈물짓고 있었던 것이다." 이러한 의미에서 『아름다운 여자』가 '일상성으로의 회귀'라고 하는 모티브를 드러낸다고 하는 지적은 일단 타당성을 지닌다고 생각된다.

그러나 『아름다운 여자』를 '일상성으로의 회귀'라고 하는 모티브만으로 읽어내는 것은 너무 부족하다고 하지 않을 수 없다. 왜냐하면 '아름다운 여자'는 주인공이 현실 속에서 교제하는 여성들이 "내가 요구하는 아름다운 여자가 아니라는 사실"을 역으로 말해주기 때문이다. 비록 '아름다운 여자'가 단순한 비현실적 환상은 아니라고 해도, 주인공이 교제하는 현실의 여성과 '아름다운 여자' 사이의 이중성 및

긴장감은 감지된다. "오후의 빛이 대야에 담긴 물에 반사되면, 그녀의 작게 오그라든 창백한 얼굴은 반짝반짝 하는 물결과 같이 흔들리고 있었다. 분명히 기미(きみ)는 아름다운 여자임에는 틀림없었지만, 슬프게도 내가 찾고 있는 진정한 아름다운 여자는 아니었다." 그러므로 '아름다운 여자'의 미소는 "인생에 대해 구속되지 않는 곳으로부터 주어지는" 것이며, 모든 현실을 "일정한 거리를 두고 보도록" 해주는 계기가 된다는 점에서 그것은 벌써 단순한 일상성을 넘어서 있다고 할 수 있다.

그렇다면 시이나에게 이 '아름다운 여자'는 구체적으로 누구인가라는 질문이 자연스럽게 제기될 것이다. 보통 '아름다운 여자'라고 하면 '어머니적인 것'의 현실적 근원으로 자신의 어머니를 생각할 수 있다. 실제로 『아름다운 여자』에는 주인공이 다음과 같이 술회하는 장면이 있다. "이러한 생활 속에서 나의 마음에 남아 있는 것은 어머니의 모습이다. 어머니는 일밖에 모르는 여자였다. (중략) 그녀는 절망이라는 것과는 완전히 무연한 존재였다. 나는 어머니가 우시는 것을 한 번도 본 적이 없다. (중략) 나는 이러한 어머니에게 (중략) 한없는 향수를 느낀다. (중략) 지금도 무언가 힘들거나 불안해서 잠들 수 없을 때 입에서 튀어나오는 말은, 한심하고도 부끄럽게도 '어머니'인 것이다."

그러나 시이나의 『어머니의 상』(母の像)이라고 하는 단편에 그려진 어머니의 이미지는 극히 부정적이다. 시이나 자신이라고 판단되는 주인공인 소년 준지(準次)가 "이제 어머니와 나는 결정적으로 별세계의 인간"이며, "그러한 어머니에게 혐오감마저 느끼게 되었다"라고 말하고 있는 바대로, 시이나에게 어머니의 이미지는 결코 긍정적인 것은

아니었다. 시이나에게는 "어머니에 대한 보다 깊은, 보다 엄한, 굴절된 애정"[16]이라고 하는 복합적인 감정이 뒤섞여 있다고 말할 수 있으며, 이러한 사실은 시이나에게 있어서의 "어머니 되시는 분의 결락"(사토)이라는 앞에서의 지적과도 상통한다고 할 수 있다.

그런데 고바야시의 보고에 의하면, 시이나의 다른 작품 속에서 『아름다운 여자』의 이미지의 유래를 이해하기 위한 실마리를 찾아낼 수 있다. 《군조》(群像)에 발표된 『해후』(邂逅)(1952)에는 주인공 후루사토 야스시(古里安志)가 한순간 본 일종의 환상이 다음과 같이 묘사되고 있다. 야스시는 역 앞의 계단에서 굴러 떨어져 격렬한 아픔을 참으며 어두운 밤하늘을 올려보는데, 그때 그는 "유머에 가득 찬 신의 미소를 느꼈다."

야스시는 꼼짝도 하지 않았다. 그는 머리가 아픈 것을 참으면서 어두운 밤하늘을 올려다보았다. 그것은 그저 밤하늘에 불과하였다. 그는 유머에 가득 찬 신의 미소를 느꼈다. 그는 자기도 모르게 웃음이 나왔다. (중략) 야스시는 가만히 있었다. 그는 썰물이 빠져나가는 것처럼 의식이 멀어져가는 것을 느꼈다. 이방인의 남자가 조금 남아 있는 그의 의식 속에 나타났다. 몸에 감은 하얀 옷이 눈부셨다. 남자는 웃고 있었다. 그리고 그의 이마에 입을 맞추었다. "괜찮아요"라고 말하며 그는 그 남자를 향해서 웃었다.

위의 인용 중 밑줄 친 부분은 《군조》에 발표되었을 때는 있었지만, 후에 단행본으로 출판되었을 때에는 삭제되었다고 한다.[17] 고바야시가 단정적으로 말하고 있듯이, 주인공의 의식이 몽롱해지는 가운데 나타나 그를 위로하듯이 미소 짓는 '몸에 감은 하얀 옷이 눈부신' '이방인의 남자', 그것은 말할 필요도 없이 '부활한 예수'의 모습일 것이다. 예수는 '이방인의 남자'의 모습을 한 채 주인공 앞에 나타나, 아무 말도 하지 않고 웃으면서 이마에 입을 맞춘다. 그러면 이상하게도 그 '이방인의 남자'의 미소를 본 주인공은 자신도 모르는 사이에 마치 그 남자에게 대답하는 것처럼 "괜찮아요"라고 중얼거린다. "괜찮아요"라는 대답은 자신의 인생 그 자체에 대한 긍정이며, 당신으로부터 크게 격려받았다고 하는 감사의 표현일 것이다. 쓰러진 사람 앞에 나타나 미소 지으면서 이마에 입을 맞추는 '이방인의 남자'는 시이나가 성서 속에서 찾아낸 부활 예수의 이미지임에 틀림없을 것이다.

그러한 예수가 『아름다운 여자』에서는 좀 더 일상적인 모습으로 다시 태어난 것이다. 고바야시가 말하듯이, "그 직접성이 부정된 '이방인의 남자'는 평범한 사람의 원형, 일본적인 일상에의 회귀라는 식으로 평가되는 『아름다운 여자』에 와서는, 모습이 보이지 않고 다만 눈부실 뿐인 빛과 힘으로 가득 찬 '아름다운 여자'로서 문학적·기독교적 생명을 얻어서 되살아난 것이다."[18] 이러한 점에서 '아름다운 여자'는 '아름다운 그리스도'를 가리키는 "초월의 암호"(칼 야스퍼스)라고 할 수 있겠다.

슈바이처가 그의 『예수전연구사』를 매듭지으면서 "낯선 사람, 이름 없는 사람으로 다가오는 사람"이라고 불렀던 예수를 '아름다운 여자'로서 변용시켜서 그 딱딱한 종교성을 부드러움으로 바꾸는 일, 또한 일상적인 삶 속에서 조우하는 '아름다운 여자'에서 그리스도의 모습을 읽어내는 일, 이 두 가지의 왕환(往還) 운동이 끊임없이 교차하는 곳에 시이나의 기독교 문학이 있고, 나아가 기독교 문학 자체의 본질이 있는 것은 아닐까? 기독교 문학의 기독교성과 문학성은 이러한 왕환 운동의 다이나미즘을 견지하는 곳에서 찾아질 것이다. 이와 같은 다이나미즘은 "진정한 신이며 동시에 진정한 인간"으로서의 그리스도에 대한 고백에 그 근거를 둔다. 또한 그 다이나미즘은 "'아름다운 여자'의 환상에 의한 계시가 리고리즘(Rigorism, 도덕적 엄격주의 – 편집자)을 배제하는 관용의 태도"[19]와도 상통하는 것이다. 이러한 의미에서 시이나의 『아름다운 여자』는 단순한 일본(기독교) 문학의 테두리를 넘어서 "'세계 문학'으로 재평가되지 않으면 안 된다"는 고바야시의 평가는 적합한 것이라고 할 수 있겠다.

오오카 쇼헤이의

『들불』

"내가 비록 죽음의 그늘 골짜기로 다닐지라도……"
_ 시편 23:4

"내가 비록 죽음의 그늘 골짜기로 다닐지라도……"
_ 시편 23:4

전쟁과 허무와 생명

작가 오오카 쇼헤이(大岡昇平, 1909~1988)는 2차 세계대전 때에 구(舊)일본군의 병사로 징집되어 전장에 나갔던 수많은 젊은이들 중 하나였다. 1909년 현재의 도쿄 신주쿠에서 주식 중매상을 하는 상인의 장남으로 태어난 그는 1944년에 징집되어 훈련을 받고 필리핀의 보병 부대로 배치된다. 그의 표현을 빌리자면 "고작해야 총포를 메는 법밖에 배우지 못한 상태에서" 전지로 투입된 것이었다.[1] 징집될 당시 그는 이미 35세였으며, 결혼하여 처와 두 자녀가 있었다. 그는 민도로 섬의 산호세에서 경비 임무를 띠고 복무하던 중 말라리아에 감염된다. 그리고 그해 12월 미군이 민도로 섬에 상륙하면서 오오카가 소속되어 있던 부대는 섬의 고지(高地)로 퇴각할 수밖에 없었다. 다른 패잔병들과 함께 산 속을 3달 가까이 방황하면서 극단의 기아와 병과 싸우며 죽음의 고비를 넘나들던 오오카는 죽음 직전에 미군의 포로가 되어 레이테 섬의 병원에 후송된다. 그리고 1945년 8월에 일본이 항

복하면서 그해 12월 귀국하여 아카시시(明石市)에 소개(疏開)되어 있
던 가족과 재회한다.

오오카는 전쟁의 허무와 공포 그리고 강제적으로 전장에 끌려나와
'하나의 부품'으로 전락해버린 병사가 느끼는 걷잡을 수 없는 분노를
그의 『레이테 전기』(レイテ戰記)(1971)에서 다음과 같이 토로하고 있
다. 『레이테 전기』는 오오카가 한 강연에서도 언급하는 레마르크의
『서부전선 이상 없다』에 필적되는 일본의 대표적 전쟁 문학으로 평가
될 수 있을 것이다.

8일과 9일의 전투는 리몬 고개의 전투 중 가장 처참한 것이었다. 미군
병사도 연일 계속되는 싸움으로 신경질적이 되어 있었다. 이날은 반드시
주능선(主稜線)에 도달하려고 안간힘을 썼다. 자신들에게 가혹한 싸움을
강요한 일본 병사에 대해서 화를 내고 있었던 것이다.

무엇을 위해서 우리는 싸우지 않으면 안 되는가, 수천 킬로미터나 떨어
진 조국에서 부자는 더욱더 부자가 되고, 어딘가 있을 기분 나쁜 놈에게
아내를 빼앗기기 위해 필리핀에 왔단 말인가, 하는 생각이 머리를 떠나지
않았다. 하로나 다크로반에서 막료(幕僚)나 신문기자가 필리핀 여인들과
춤을 추고 있는데 왜 우리만 비를 맞으면서 목숨을 걸고 싸워야한단 말인
가, 하고 생각하니 화가 나서 견딜 수 없었던 것이다.

일본군 병사들은 또 물자의 차이를 여실히 말해주는 미군과의 싸움을
비겁하다고 여기면서 화를 내고 있었다. 3일간의 싸움에서 많은 전우가
죽어나간 것에 분노하고 있었다. 끝없이 내리는 빗속에서 증오와 분노가
뒤엉키면서 백병전을 벌이고 있었던 것이다.

오오카가 자신의 전쟁 체험을 바탕으로 집필한 또 다른 작품인 『포로기』(俘虜記)(1949)에서 쓰고 있듯이, 그가 직면하지 않으면 안 되었던 죽음은 운명과도 같이 그를 엄습해오는 것이면서도 그러나 생명의 약동을 보다 뚜렷하게 드러내는 투명한 성질의 것이기도 하였다.

나는 이미 일본의 승리를 믿지 않았다. 나는 조국을 이러한 절망적인 싸움에 끌고 들어간 군부가 미웠지만 내가 여기까지 그들을 막기 위해 그 무엇도 하지 못한 이상, 그들에 의해서 주어진 운명에 항의할 권리는 없다고 생각하였다. 일개의 무력한 시민과 일국의 폭력을 행사하는 조직을 대등하게 놓는 이러한 생각이 나는 우습다고 여겼지만, 지금 무의미한 죽음의 덫에 걸려든 자기의 어리석음을 비웃지 않기 위해서도 이렇게 생각할 필요가 있었다. (중략) 미래에는 죽음만이 있을 뿐이지만, 우리가 그것에 대해서 표상할 수 있는 것은 완전한 허무일 뿐이었다. (중략) 그러나 죽음의 관념은 끝없이 되돌아와서 생활의 모든 순간에 엄습하였다. 드디어 죽음은 아무것도 아니다, 다만 확실한 죽음을 피해서 나는 지금 살고 있으며 그것이 문제라는 걸 깨닫게 되었다.

그러나 죽음의 관념은 기분 좋은 관념이기도 하였다. 필리핀 섬의 원색의 아침이나 저녁 놀, 야자와 화염수(火焰樹)는 나에게 광희(狂喜)를 가져다주었다. 어디를 가도 죽음의 그림자를 보면서 나는 이러한 식물과 동물을 압도하고 있는 열대의 풍물을 눈으로 한없이 탐하였다. 나는 죽음 앞에서 이러한 생의 범람을 보여준 운명에 감사하였다.

소설가 오에 겐자부로는 오오카의 작품에 대해서 "자신이 경험했던 전쟁으로부터 그 자신의 통일적인 강인한 주제, 즉 근본적인 정동(情動)의 덩어리이고 전쟁 속에서 의지와 생명의 자각을 갖춘 미립자인 자기가, 결코 해결될 수 없는 살아 있는 공포와 분노의 결합을 자신의 혼(魂) 속에 확보한 것"[2]이라고 평하였지만, 부조리의 극한으로서의 전쟁에 강제적으로 끌려 나간 오오카의 내면을 흐르는 '의지와 생명의 자각' 이야말로 그의 문학 세계의 중요한 축을 이룸에 틀림없을 것이다. 나아가 그러한 '의지와 생명의 자각' 은 전쟁의 거대한 광기 속에서도 '인간적인 위엄' 을 잃지 않도록 유지시켜준 최후의 보루였다.

오오카의 내면을 흐르는 '의지와 생명의 자각' 은 그가 소년 시절 조우하였던 기독교적 체험으로까지 소급된다. 오오카가 64세가 되어 쓴 자서전인 『소년 – 어떤 자전의 시도』(少年 – ある自伝の試み, 1973)에 의하면 그는 소학교 시절부터 아동용 잡지인 《붉은 새》(赤い鳥)에 동요를 기고하는 등 문학에 관심과 재능을 지니고 있었다. 오오카는 1921년(다이쇼 10년) 감리교 계통의 미션스쿨인 아오야마가쿠인(靑山學院) 중학교에 진학하였는데, 학교에서 이루어지던 기독교 교육을 통해서 '기독교의 감화를 받아' 일요일에는 교회에 출석하였고, 장래 목사가 되고자 결심한 적도 있었다.

13살의 내가 예수의 하느님에게 끌렸던 까닭에 휴머니스틱한 성향을 가지게 되고, 그 후 20년 그에 반대하는 생각을 계속해서 가지고 있었음에도 불구하고 그것이 저 결정적인 순간에 갑자기 나타난다는 가설은 성립하지 않는다. 소년 시대의 몽상은 소년 시대와 함께 없어진다고 해도 조금도 문제가 되지 않는다. 그러나 지금 내가 병상에서 저 사건을 회상하면서 '신의 음성'과 같은 관념에 휩싸이고 있다는 것은 진실이다.

신의 존재 증명으로서의 '왼손'

1926년 구제(舊制) 세이죠(成城)고등학교에 진학한 오오카는 고바야시 히데오나 시인인 나카하라 추야(中原中也, 1907~1937)와 교분을 맺으면서 그들로부터 영향을 받았다. 고바야시는 니시타 기타로(西田幾多郎)와 함께 전전(戰前) 일본의 최고 지식인으로 불리던 인물이었으며, 전후에도 일본 사상계에 다대한 영향을 끼친 문학 비평가였다. 전쟁이 끝나 제대하여 일본에 돌아온 오오카에게 전장에서의 경험을 작품화할 것을 권했던 사람도 다름 아니라 고바야시였다. 또한 오오카는 가와카미 데쓰타로(河上徹太郎, 1902~1980), 나카하라와 더불어 동인지를 창간하기도 하였고, 나카하라의 시를 편집·출판하기도 하였다.

1929년(쇼와 4년) 교토(京都)제국대학 문학부에 들어가 불문학을 전공한 오오카는 지드나 스탕달에 심취하였으며, 졸업 후 고베(神戶)의 한 선박 제조 공장에서 근무하던 중 징집되어 필리핀의 전장으로 보내진다.

『들불』(野火) 역시 오오카가 전장에서 겪었던 체험을 바탕으로 쓰인 작품으로 1948년부터 《문체》(文體)나 《전망》(展望) 등의 잡지에 연재하였던 것을 1952년에 소겐샤(創元社)에서 단행본으로 출판한 것이다. 오오카는 이 작품으로 제3회 요미우리(讀賣)문학상을 수상하였다.

『들불』은 이미 다수의 외국어로도 번역된 작품으로 이에 대한 평가는 다양하지만, 우리가 이 작품에 대해서 지니는 관심은 역시 기독교적인 맥락에서 이 작품을 어떻게 읽을 수 있을까 하는 데 있다. 『들불』은 모두 39장으로 구성되어 있는데, 그중 몇몇 장의 소제목을 일별해 보는 것만으로도 이 작품에 내장되어 있는 기독교적 세계관을 짐작할 수 있다. 「닭이 울다」(10장), 「낙원의 사상」(11장), 「소금」(19장), 「빛」(25장), 「들의 백합」(30장), 「공중의 새」(31장) 등은 성서에 등장하는 용어를 그대로 소제목으로 하였음을 알 수 있다.[3]

주인공 다무라(田村) 일등병은 지병인 폐병으로 말미암아 자신의 부대에도 병원에도 머물지 못하고 버림받은 신세가 된다. 병원에서는 자기가 먹을 식량을 지참한 병사만을 받아주었기 때문이다. 그러나 다무라는 이렇게 버림을 받았다는 사실을 오히려 '일종의 음성적인 행복감'으로 받아들였다. "어찌 되었든 생애의 마지막 며칠간을 군인이 생각하는 대로가 아니라 자신의 생각대로 쓸 수가 있기 때문이었다." 그는 적을 죽이기 위해 국가가 그에게 강제로 짊어지게 만들었던 총과 칼에 대해서도 지극히 시니컬한 태도를 취하고 있다. 그가 칼을 처음 썼던 건 적군을 죽이기 위함이 아니라 개를 죽이기 위한 것이었으며, 패잔병이 되어 '국가에 대해서 무의미한 존재'가 된 후 산속을 헤매던 그가 총을 사용한 것 역시 적군을 향한 게 아니라 생면부지의 필리핀 여인이라는 '무고한 사람'이었기 때문이다.

이미 식량이 바닥난 상태에서 극심한 기아 속에 산간을 헤매다가 그가 조우하였던 것은 그를 포함해 일본군을 적대시하던 필리핀인이 일구어놓은 밭이었다. 이러한 행운은 지극히 감사할 만한 일이었으나

"극동(極東)의 무신론자"라고 자신을 정의하는 다무라로서는 "누구에게 감사해야 할지 모를 일이었다." "나는 죽음 앞에서 이렇게 생의 범람을 보여준 우연에 감사하였다. 나는 지금까지의 반생에 조금도 만족하지 못하고 있었으나 어쩌면 나는 혜택받은 운명 속에서 살아온 것은 아닐까 하는 생각이 머리를 스쳤다. 그때 나를 찾아온 '행운'이라는 단어는, 만일 내가 거부하지 않는다면 쉽게 '신'이라는 단어로 대체할 수도 있는 것이었다."

어느 날 다무라는 멀리 숲 속에 솟아 있는 십자가를 발견한다. 오오카는 이때 다무라의 마음속에 떠오르는 상념을 다음과 같이 쓰고 있는데, 이는 오오카가 기독교와 만나게 되었던 과정을 드러내줌과 동시에 근대 일본과 일본의 지성인들이 기독교와 만났던 동기와 그들이 겪었던 마음속의 갈등과 그로 말미암아 기독교로부터 멀어지게 된 과정과 내용을 축약해서 묘사한다는 점에서도 대단히 흥미로운 대목이다. 조금 길지만 이 부분을 인용해본다.

나는 전율했다. 고독감에 떨고 있던 내게 이 종교적 상징의 급작스러운 출현은 육체적이라고도 할 만한 충격을 주었다. 십자가는 아마도 숲 저쪽의 바다에 임한 마을 회당의 꼭대기를 장식하고 있을 터였다. 나는 그들(미국인)을 조금도 미워하지 않았다. 하지만 내가 속한 나라가 그들이 속한 나라와 싸우고 있는 이상 우리 사이에는 십자가를 포함해서 여하한 인간적인 관계도 있을 수 없었다. (중략) 십자가라는 만국적(萬國的) 사랑의 상징도 적에게 소유된 이상 다만 위험한 상징에 지나지 않았다. 그러나 나는 그 십자가에서 눈을 뗄 수가 없었다. (중략) 그날 밤 나는 십자가를 생각하면서 지냈다. 죽음을 목전에 두고 포식을 한 내 마음의 공허는 쉽사리 이 인간적인 영상에 의해서 메워졌다.

십자가는 내게 낯선 것은 아니었다. 내가 태어났을 때 일본 여러 곳에는 이미 이 이국(異國)의 상징이 있었다. 나는 먼저 호기심에서 그것에 접근하였고 이어서 그 로맨틱한 교양에 심취하기도 하였지만, 그 후 내가 쌓은 교양은 어떠한 종교도 부정하는 것이었으며, 나의 청년기는 '방법'에 의해 소년기의 미몽(迷夢)을 배제하는 데에 소비되었다. 그 결과 내가 도달한 것은 사회에 대해서는 합리적이고, 자신에 대해서는 쾌락적인 그러한 원리였다. 소시민인 나의 신분으로서는 이것은 반드시 나의 욕망에 충분한 만족을 가져다주는 것은 아니었으나, 어쨌든 나는 거만한 태도를 유지하였고 후회는 없었다. 만일 내가 이러한 생활 원리를 패잔병의 고독 속에서까지 계속 지니고 있었다고 한다면 새삼스레 소년 시절의 미몽에 마음이 동요되는 일은 없었을 것이다. 멀리 보이는 십자가에서 눈을 떼지 못하고 이토록 고민하지는 않았을 것이다.

나는 소년 시대의 내 사상이 과연 미몽이었던가에 대해서 다시금 반성해보았다. 내가 인생의 입구에서 신과 같은 불합리한 존재에 마음이 끌렸던 것은 내가 그처럼 무지한 탓도 있었지만, 그때는 생활에 즉한 하나의 이유가 있었던 걸 기억해냈다. 내가 의지하여야만 될 초월적 존재를 불렀던 것은 그 당시 알았던 성적(性的) 관습을 자기 의지로서는 억제할 수 없었기 때문이었다. 그리고 내가 그 행위를 나쁘다고 느꼈던 것은 그것이 쾌락을 가져다준 행위였기 때문이었다. 이 사이에 작용하고 있던 감정을 나는 그 후에도 모든 미숙한 감각의 혼돈으로서 무시하고 있지만, 그것은 과연 다 지나가버린 것이라고 할 수 있을까. (중략) 저 쾌감을 죄라고 느졌던 나의 감정은 올바른 것이었을까, 아니면 그러한 감정을 부정하고 현세적 감정의 사면(斜面)에 몸을 맡겼던 성인의 지혜가 올바른 것이었을까? 둘 중 하나일 것이다.

나는 숲 속 작은 집의 어두운 천장을 올려다보면서 생각을 계속했지만, 대답은 보이지 않았다. 나의 생각은 오히려 이 이국(異國)의 신을 믿고 있던 시절의 나날들, 그 신에 의해서 보내진 사람들의 말을 읽고, 찬송가를 부르고, 아무런 욕망 없이 사람들을 사랑하던 소년 시절의, 지금 생각해보면 평온하다고 여겨지는 그날들의 추억에 사로잡혔다.

위의 인용은 서구에서 들어온 기독교가 대부분 일본 근대의 젊은 지성인들에게 윤리적 엄격함으로 수용되었으며, 이러한 기독교의 윤리적 요구에 부응할 수 없었던 일본의 청년들이 기독교와 거리를 두게 되었음을 집약적으로 보여준다. 오오카뿐만 아니라 앞서 고찰해보았던 아리시마 다케오, 시마자키 도손 등의 문학자에게 제도적인 기독교는 우치무라 간조로 대표되는 엄격한 윤리적 종교에 다름 아니었다. 그들은 기독교의 이러한 철저한 요구에 자신이 따를 수 없음을 정직하게 고백하고 기독교와 거리를 두게 되었던 것이다. 그들에게 기독교는 실존적인 요구가 아니라 금욕적이고 윤리적인 요청으로 부각되었던 것이다. 더욱이 자신들에게 전달된 기독교가 이성의 합리적 요구에 견디지 못함을 알게 되었을 때 그들에게 기독교는 '미몽'의 종교에 불과하였다.[4]

그러나 죽음의 골짜기를 헤매면서 삶과 죽음의 경계를 넘나드는 다무라에게 기독교는 이제 구원을 향한 절규에 대한 응답으로 다가온다. 소년 시대의 종교성에서 멀어졌던 다무라로부터 "'데 프로푼디스'(de profundis)가 갑자기 그의 입술로부터 흘러나왔던 것이다." 그는 꿈에서 자신의 죽음을 목도하며 "제가 깊은 심연에서 당신을 부르나이다"라는 성서 시편의 고백을 자신의 고백으로 바꾸어 신을 향해서 부르짖었던 것이다. 그 고백은 그가 수많은 시체가 널브러져 있는 마을을 찾아갔을 때 회당 안에서 들었던 하늘로부터의 소리이기도 하였다. "내가 산을 향하여 눈을 들리라. 나의 구원은 어디서 오는가"(시편 121편). 하지만 그가 이러한 소리를 들었을 때 그 자신은 "외계와의 관계가 완전히 단절되었음을 의식하였다. 지상에서 나의 구원을 부르는 목소리에 대답하는 것은 아무것도 없었던 것이다." 더욱이 다무라는 이후 회당 안에서 갑자기 조우한 필리핀 여인을 사살하게 된다. 다무라는 이로써 "신에게뿐만 아니라 사람들과도 사귈 수 없는 몸이 되었음"을 절감하게 된다. 구원을 찾아 헤매던 그를 사로잡은 것은 빠져나올 수 없는 죄의식이었던 것이다.

그런데 그의 죄의식은 끊임없이 '누군가 보고 있다'는 의식과 연계된다. 이처럼 '누군가 나를 보고 있다'는 의식은 다무라가 극도의 기아 상태에서 시체를 먹으려는 충동에 사로잡히게 될 때 다시금 새롭게 그를 사로잡게 된다. "새로운 시체를 발견할 때마다 나는 주위를 둘러보았다. 나는 다시금 누군가 보고 있다고 생각하였다."

하지만 극한 상태에까지 이른 굶주림은 시체를 먹으려는 충동으로 그를 사로잡는다. "나를 먹어도 좋아"라고 하면서 죽어간 장교의 시체를 내려다보면서 다무라는 이상하게도 "해안 마을에서 보았던 십자가상의 예수의 팽팽하게 늘어뜨려진 팔을 생각하였다." 그는 이윽고 시체를 먹으려고 몸을 움직인다.

나는 오른손으로 칼을 뽑았다.

나는 누구도 나를 보고 있지 않음을 다시 한 번 확인하였다.

그때 이상한 일이 일어났다. 칼을 쥔 나의 오른 손목을 왼손이 잡았던 것이다. 이 기묘한 동작은 이후 내 왼손의 습관이 되었다. 내가 먹어서는 안 될 것을 먹고 싶다고 생각하면, 그 음식이 눈앞에 나오기 전부터 내 왼손은 저절로 움직여서 숟가락을 쥔 쪽의 손, 즉 오른 손목을 위에서부터 잡는 것이었다.

내가 가서는 안 될 곳에 가려고 하면, 내 왼손은 어린 시절부터 첫걸음을 내딛는 습관이 밴 다리, 즉 오른 발목을 잡는 것이었다.

그리고 이러한 불안정한 자세는 내가 그 잘못된 의지를 가지는 것을 중지시켰다고 납득하기까지 계속되었다.

지금 나는 이 습관에 익숙해 있어서 별로 이상하다고는 생각되지 않지만, 그때는 매우 놀랐다. 오른 손목을 위에서부터 잡았던, 그 살아 있는 왼손이 자신의 것이 아닌 것처럼 여겨졌다. (중략)

이 이상한 자세를 나는 또 누군가 보고 있다는 생각이 들었다. 그 눈이 사라질 때까지 이 자세를 허물어서는 안 된다고 생각하였다.

'너의 오른손이 하는 것을 왼손이 모르게 하여라.'

목소리가 들려왔지만 나는 별로 놀라지 않았다. 보고 있는 자가 있는 이상 목소리 정도는 들려온다고 해도 이상할 것은 없다.

목소리는 내가 죽인 여자의, 짐승의 목소리는 아니었다. 마을 회당에서 나를 불렀던, 그 거대한 목소리였다.

'일어나라, 이제 일어나…….'

나는 일어났다. 이것이 내가 타자에 의해서 몸을 움직인 첫 경험이었다.

나는 일어나 시체로부터 떨어졌다. 시체로부터 한 걸음 한 걸음 떨어지면서 오른손을 쥔 왼손의 손가락은 한 손가락 한 손가락씩 떨어져나갔다. 가운뎃손가락, 약손가락, 새끼손가락이 함께 떨어졌으며, 집게손가락과 엄지손가락도 함께 떨어져나갔다.

자신의 오른손을 왼손으로 누르고 나서 다무라는 "나는 또 누군가 나를 보고 있다고 생각했다"고 말한다. 가메이가 지적하고 있듯이 "그는 누군가 보고 있다고 여겨서 오른손을 왼손으로 누른 것이 아니라 왼손이 억제되지 못해 움직였기 때문에 누군가 보고 있다는 환시가 생겨났던 것이다." 나아가 가메이는 "다무라 일등병이 왼손에 머물고 있는 무언의 의지를 매개로 해서 신을 느꼈다는 것은 (중략) 오오카의 생활사 그 자체와 관계된다"고 보면서 "청년기의 오오카가 다니던 교회에는 대단히 인상적인 신의 손이 그려진 그림이 걸려 있었던 것은 아닐까 하는 추정이 성립된다"고 말한다. 그리고 "이를 더 거슬러 올라가본다면 유년 시절 동상(凍傷)에 걸린 오오카 쇼헤이의 손을 따뜻한 물에 담가서 아픔을 덜어주던 어머니의 손, 그러나 또 무언의 질책으로 그의 손을 잡아끌기도 하였던 어머니의 손의 이미지까지 소급될 수 있음에 틀림없다."[5]

가메이가 언급하고 있듯이 손이란 개인을 뛰어넘어서 하나의 문화 전체가 거기에 담겨 있는 장소이며, 이런 점에서 손은 문화의 근본으로서의 종교에까지 소급되는 기제가 된다. 이른바 '손의 자기 초월적인 능력의 신비화'를 여기서 엿볼 수 있는 것이다. 가메이는 워터 소렐의 『인간의 손 이야기』의 구절을 인용하면서 특히 "왼손은 마법의 비밀을 쥐고 있다고 여겨진" 문화에 대해서도 소개하고 있는데, 이는 손이 때로는 저주를 하고 때로는 병을 고치는 기능을 담당하고 있음을 보여주는 좋은 예라고 하겠다. "성서에도 실로 많은 손 이야기가 있지만, 원래 유대교는 신의 모습을 그리는 것을 허락하지 않았기 때문에 신의 존재와 신의 행위를 나타내 보이고 싶을 때에는 상징으로서 신의 손을 대용하였다. 그렇기 때문에 그 전통과 민간 신앙적인 것이 결합되어 손의 풍부한 이미지를 낳았던 것이다. 이렇게 해서 마태복음 6장 3절에 "오른손이 하는 일을 왼손이 모르게 하라"는 말이 생겨나게 되었고, 오오카 쇼헤이는 레이테 산중에서 그 구절을 듣게 된다."[6]

그러나 가메이가 지적하고 있듯이 원래 마태복음에 있는 구절은 위선을 경계하는 의미로 "자선을 베풀 때에는 오른손이 하는 일을 왼손이 모르게 하여 그 자선을 숨겨두어라. 그러면 숨은 일도 보시는 네 아버지께서 갚아주실 것이다"라고 쓰여 있다. 따라서 가메이는 오오카가 이 구절에 착상하여 인육을 먹으려는 오른손을 왼손이 억제하는 장면을 묘사한 데에는 "상당한 무리"가 있다고 지적하면서, "아마도 오오카는 이를 잘 알면서도 이른바 이 구절의 의미상의 이문(異文)을 만들어냈음에 틀림없다"고 부언하였다.

그러나 "오른손이 하는 일을 왼손이 모르게 하여라"라는 성서의 구절이 오오카에게 지니고 있던 의미는 그 구절에 뒤따르는 구절에 숨겨져 있었던 것은 아니었을까? 다시 말해 "(자선을 베풀 때에는) 오른

손이 하는 일을 왼손이 모르게 하여라"라는 명령의 성립 근거는 "숨은 일도 보시는 네 아버지"의 존재에 있다고 하지 않을 수 없다. 여기서 오오카가 읽어냈던 것은 '숨은 일도 보시는 아버지'였던 것이다. 산중을 헤매던 다무라 일등병이 "누군가 보고 있음을 느꼈다"고 되풀이해서 말하는 것은 바로 '숨은 일도 보시는 아버지'에 대한 완곡한 표현이라고 하겠다.[7]

그렇다고 한다면 시체를 먹으려는 자신의 오른손을 저지하는 왼손은 오오카에게 있어서 '숨은 일도 보시는 아버지'로서의 신에 대한 존재 증명에 다름 아니다. 왼손의 존재는 "자신과는 다른 무언가에 의해서 자신이 움직여진다"는 사실에 대한 증거이기도 하다. 그러므로 왼손은 자신에게 속해 있으면서도 "자신의 것이 아닌" "타자"로 느껴지는 것이다. 그 왼손이야말로 오오카가 죽음에 직면해서 보았던 신의 모습이었으며, 오오카를 흡인하는 죽음의 입구에서 그를 지켜준 최후의 보루였던 것이다.

인간은 죽음에 직면해서 신을 만난다. 이런 의미에서 신은 언제나 음화(陰畵)로밖에 경험되지 않는다. 그 죽음은 자신의 죽음이기도 하고 타인의 죽음이기도 하지만, 오오카의 경우에는 인육을 먹는 행위, 즉 타인의 죽음을 다시 한 번 죽임으로써 자신의 인간성이 극한까지 부정되는 죽음으로 경험되었다. 그 죽음의 극한에서 오오카는 신을 만났던 것은 아니었을까? 오오카가 즐겨 읽던 시인 나카하라 추야에게는 다음과 같은 단가(短歌)가 남아 있다.

　　모든 사람을 죽이고 싶은 나의 마음

그 마음 내게 신을 보여주나니

(人みなを殺してみたき我が心 その心我に神を示せり)

오오카가 나카하라를 만났던 것은 1928년(쇼와 3년)의 일이었다. 당시 나카하라는 연인 하세가와 야스코(長谷川泰子)를 고바야시 히데오에게 빼앗기고서 불행의 밑바닥으로부터 치밀어 오르는 시작(詩作) 활동을 활발히 전개하고 있었다. 그런데 연인을 친구에게 빼앗긴 나카하라의 마음속에 자리 잡고 있던 이러한 지옥 체험은 부정할 수 없는 잔혹한 현실이지만, 그 현실은 우리에게 다음과 같은 사실을 가르쳐준다. "인간은 타인을 죽이지 않고서는 살아갈 수 없는 존재이며, 약육강식의 세계야말로 피할 길 없는 인간의 현실이라는 사실을 자각하는 순간, 인간은 부정적인 형태로 절대자를 생각하지 않을 수 없는 것이다. 신은 이처럼 '슬픔'과 '불행'의 음화(陰畵)로서 은밀히 불러 찾을 수밖에 없는 존재인 것이다."[8] 오오카가 『포로기』의 에피그라프로서 신란(親鸞)의 『탄니쇼』(歎異抄)에 나오는 "내 마음이 선하여 죽이지 않는 것이 아니다"(わがこころのよくてころさぬにはあらず)라는 구절을 인용하는 것도 이와 유사한 맥락으로 볼 수 있다.

다시 『들불』로 돌아가자. 미군의 포로가 된 다무라는 자신에게 주어지는 모든 음식을 먹기 전에 '머리를 땅에 대는'[叩頭] 일종의 종교 의식(儀式)을 거행한다. 이는 자신의 입으로 들어가는 음식이 조금 전까지만 해도 살아 있던 존재였음을 기억하고 그들에게 사죄(赦罪)하기 위한 의식이었다. 이제 자연 속의 모든 것은 '신의 몸'이고 '신의 피'라는 성육신적 의미로 충만하게 된다. 그에게는 이제 파리 한 마리도

신적 존재가 된다. 중세 유럽의 신비주의자 마이스터 에크하르트는 "신의 눈으로 보면 한 마리의 모기도 신이다"라고 하여 신의 존재와 모기 존재의 일치성을 말하였지만, '극동의 무신론자'인 다무라의 눈에 비친 파리도 '신의 피'에 다름 아니었다. 이러한 의식은 점점 확대되어 드디어 그는 모든 음식을 거부하게 되고 급기야 '미친 사람'〔狂人〕이 되어 도쿄 교외에 있는 정신병원에 입원하게 된다. 에라스무스가 '바보'의 입을 빌려 당시 교회의 어리석음을 질타하고, 니체가 '광인'의 입을 빌려 "신은 죽었다"고 외쳤던 것처럼, 오오카는 '광인'이 된 다무라의 입을 빌려 정신병동에서 우주의 모든 생명체에 대한 성만찬적인 지론을 전개하는 것이다.

일련의 가정(假定)과 고백으로 끝맺는 『들불』의 마지막 대목을 보자.

만일 내가 나의 오만함으로 인하여 죄에 빠지려 했던 그때, 저 알 수 없는 습격자에 의해 나의 후두부가 가격된 것이라면 (중략)

만일 신이 나를 사랑하였기 때문에 미리 그 타격을 준비해주신 것이라면 (중략)

만일 그렇게 때렸던 것이 저 석양이 바라보이는 언덕에서 굶주린 내게 자신의 살점을 권하였던 거인이라면 (중략)

만일 그가 그리스도의 변신이라면 (중략)

만일 그가 참으로 나 한 사람을 위하여 이 필리핀 섬의 산야에까지 보내진 것이라면 (중략)

신에게 영광 있으라.

오오카는 『들불』의 첫머리에 "내가 비록 죽음의 그늘 골짜기로 다닐지라도"라는 시편 23편 4절의 구절을 에피그라프로 기입하였고, "신에게 영광 있으라"라는 구절로 작품을 끝맺고 있다. 이런 점에서 『들불』은 자칭 '극동의 무신론자'인 오오카가 자신의 몸을 가지고 써 내려간 신의 존재 증명이라고 할 수 있을 것이다.

다카도 가나메의
'한 편의 연극'

"그리고 죽음을 영원히 없애버리시리라.
이것은 야훼께서 하신 약속이다."
_ 이사야서 25:8

"그리고 죽음을 영원히 없애버리시리라.
이것은 야훼께서 하신 약속이다."
_ 이사야서 25:8

화해와 신생을 향하여

극작가로서 한국과도 깊은 인연을 맺었던 다카도 가나메(高堂 要, 1932~2001, 본명 高戶 要)는 오카야마현(岡山縣) 구라시키시(倉敷市)에서 출생하였다. 그의 희곡 작품집인『다카도 가나메 희곡집 - 주정뱅이 마르메라도프』(高堂要戲曲集 - 醉っぱらいマルメラ―ドフ, 花神社, 2000)에 수록된 연보에 의하면, 다카도는 이미 소학교(倉敷市立倉敷尋常小學校) 시절부터 학교에서는 아동극에 출연하고, 신앙생활에 열심이었던 조부와 조모를 따라 매 주일 교회에 다니면서 크리스마스 연극에 출연하는 등 이른 시기부터 연극에 관심을 보였다.

그는 오카야마현립 제일고등학교(岡山縣立第一高等學校: 현재의 오카야마아사히(岡山朝日)고등학교)를 졸업하였으며, 1949년 일본 기독교단 구라시키교회에서 도호 신키치(東方信吉) 목사에게서 세례를 받았다. 그때부터 다카도는 도스토옙스키의 문학이나 신학자 칼 바르트를 탐독하여 깊은 영향을 받았으며, 도스토옙스키의『죄와 벌』을 각색 ·

연출하여 스스로 무대에 서기도 하였다. 일본 기독교단의 목사 양성 신학교의 하나인 도쿄신학대학(東京神學大學)을 1955년에 졸업한 다카도는 동대학원에 적을 둔 채 하이유자(俳優座)스타지오 극단 삼기회 (劇團三期會: 현재의 도쿄 연극앙상블)에 들어가 문예 연출부원으로 활동하면서 조수 일을 맡기도 하였다. 그 후 기독교 계통의 출판사인 교분칸(教文館)이나 일본기독교교단 출판국 등에 근무하면서 극작가와 연출가로 그리고 평론가로 왕성한 활동을 펼친다.

그는 다수의 희곡 작품을 집필, 각색, 연출하였으며 여러 잡지에 평론을 기고하였는데, 『다카도 가나메 희곡집 - 주정뱅이 마르메라도프』에 수록된 그의 주요 작품을 나열해보면 다음과 같다. 『갈색의 천사』(褐色の天使, 1959), 『하얀 무덤』(白い墓, 1960), 『요이야사노 요이야사』(よいやさのよいやさ, 1968)('요이야사'는 일본의 마을 축제에서 흥을 돋우고 힘을 모으기 위해 지르는 소리다), 『돈마』(どんま, 1969)('돈마'는 어린아이들의 말타기 놀이), 『의상』(衣裳, 1969), 『흑과 백과 적과 청의 유희』(黒と白と赤と青の遊戲, 1970), 『슛슛폿포』(しゅっしゅっぽっぽ, 1974), 『죽음의 나라에서 돌아온 오시치』(陰府がえりのお七, 1990), 『죽음의 나라에서 온 사자(使者)』(陰府からの使者, 1991), 『오츠무텐텐』(おつむてんてん, 1996)('오츠무텐텐'이란 어린이가 자신의 머리를 가볍게 두드리면서 노는 놀이이다), 그리고 『주정뱅이 마르메라도프』(醉っぱらいマルメラードフ, 1998) 등이 있다.

다카도는 『죽음의 나라에서 돌아온 오시치』로 1991년 이케부쿠로(池袋) 연극제 최우수상을 수상하였으며, 『주정뱅이 마르메라도프』로 국제 도스토옙스키 연극제 특별상을 수상하였다.

희곡 이외의 저술로는 희곡 평론집인『사물, 영혼, 곳코 - 전후 희곡론 노트』(物·魂·ごっこ - 戰後戲曲論ノート, 1977)를 우선 거론할 수 있다.[1] 이 평론집에는 시이나 린조나 야시로 세이이치(矢代靜一, 1927～1998) 등 일본 극작가들에 대한 평론과 사무엘 베케트(Samuel Beckett, 1906～1989)나 해럴드 핀터(Harold Pinter, 1930～2008) 등에 대한 글인 「낯설고 섬뜩한 일상성의 세계」(不氣味な日常性の世界)도 실려 있다. 다카도는 한국의 시인 김지하의 희곡『금관의 예수』에 대해 "김지하가『금관의 예수』를 썼던 모티브는 단적으로 말해 도스토옙스키가『카라마조프의 형제』에서 이반 카라마조프가 「대심문관」을 통해서 말하고자 했던 것, 즉 현대에 예수가 만일 출현해서 이 지상을 걷게 된다면 어떤 일이 일어날 것인가를 기대와 불안을 품은 채 썼던 모티브와 동일하다"고 평하면서도, 침묵으로 일관하는 도스토옙스키의 예수와는 달리 김지하의 예수는 민중을 위해 일어서는 혁명가로 그려지고 있다고 지적하고 있다.[2](다카도는 김지하의 구명을 위해 일본에서 활동한 사람 가운데 한 명이었다.) 그 외에도『시이나 린조론 - 그의 작품에서 살펴보다』(椎名麟三論 - その作品に見る, 1989)가 있고, 앞에서도 언급했던『다카도 가나메 희곡집 - 주정뱅이 마르메라도프』에는 11편에 이르는 그의 희곡 작품이 망라되어 있다.[3]

다카도는 시이나와 함께 1960년에 '씨앗의 모임'(たねの會)을 창립하여 활동하였는데, 저명한 기독교 평론가인 사코 준이치로(佐古純一郎)나 사이토 스에히로(齋藤末廣) 등이 모두 이 모임에 참여하였다. 또한 다카도는 시이나의 작품은 물론 부조리 연극의 기수(旗手)로 평가되던 해럴드 핀터의 작품이나『고도를 기다리며』로 잘 알려진 사무엘

베케트의 희곡을 무대에 올리기도 하였다.

다카도는 연극 창작과 상연에 전념하면서도 아시아의 평화, 특히 한국과 일본의 화해와 새로운 출발을 위해 활발한 활동을 벌였다. 앞서도 말하였듯이 그는 한국의 반정부 시인 김지하 구명 활동을 벌였으며, 평론가인 모리타 스스무(森田 進)나 시인인 시바사키 사토시(柴崎 聰) 등과 함께 '동북아시아 기독자문학회의'(東北アジアキリスト者文學會議)를 창립하여 전 숭실대 문예창작과 교수인 이반(李盤),《기독교사상》 편집부장을 역임했던 마상조(馬相助), 시인 정종화(鄭鍾和), 김원식(金元植, 작고) 등과 2년에 한 번씩 한국과 일본을 오가며 한일 기독교 문학인들의 교류에 정성을 쏟았다. 이러한 활동은, 다카도 자신의 표현을 빌리자면, "도저히 다 갚을 길 없는 (일본의) 전쟁 책임과 침략 책임을 조금이나마 짊어지기 위한"4 화해와 신생(新生)을 향한 몸짓이기도 하였다. 한일 양국의 화해를 위한 다카도의 노력은 일한 연극 교류를 통해서도 나타났는데, 그는 한일병탄 90년을 맞이하는 2001년 3월에 3·1운동 당시 제암리 학살 사건을 주제로 한 이반의 『총검과 처용』(銃劍と處容, 조사옥(趙沙玉) 옮김)을 도쿄의 '재일(在日) 한국YMCA'에서 상연하였다. 또한 제1회 일한 연극 교류회에서는 이반의 『동풍』(東風)과 자신의 『돈마』를 서울과 도쿄에서 상연하였고, 제2회 대회에서는 서울에서 자신의 『주정뱅이 마르메라도프』를 무대에 올렸다.

또한 1960년대에는 베트남전쟁에 반대하는 시민 모임인 '베트남에 평화를' 시민문화단체연합(후일의 베헤렌(べ平連))에 작가이자 평화운동가인 오다 마코토(小田 實, 1932~2007)나 소설가 가이코 다케시(開

高健, 1930~1989) 등과 함께 참여하였고, 후일 이 모임을 통해서 평론가인 고나카 요타로(小中陽太郎)나 인류학자인 쓰루미 요시유키(鶴見良行, 1926~1994) 등과도 교류하게 된다.

마지막 날과 '한 편의 연극'

　이처럼 다방면에 걸쳐서 활동한 극작가 다카도의 연극 세계는 어떠한 것인가? 다카도는 시이나 린조의 작품을 평하는 자리에서 시이나의 작품 속에서 울려나오는 고백인 "나는 다만 하나의 폐허다. (중략) 지금 내가 있는 것은 다만 구체적인 죽음을 향해 존재하는 하나의 폐허에 불과하다"에 주목하면서 시이나 문학의 출발점은 정신적이고 육체적인 폐허 이외에 다른 것이 아니라고 쓴 적이 있다.[5]

　시이나에 대한 다카도의 깊은 관심은 그가 시이나에 대해서 평론집을 내고, 시이나의 희곡 작품을 다수 무대에 올렸다는 사실에서도 충분히 드러난다. 이는 다카도와 시이나 사이의 사상적 친근성을 말해 주는데, 다카도의 작품 세계를 꿰뚫는 붉은 실은 '구체적인 죽음'을 죽지도 못하고 어중간하게 살아가는 존재들, 즉 완전히 죽지도 못하고 완전하게 살지도 못하는, 살아 있으나 죽어 있고, 죽어 있으면서도 완전히 죽어 새로운 시작을 꿈꾸지 못하는 '흐릿한 영혼'들을 위한 만가(輓歌)라고 할 수 있다.

　시인 괴테는 그의 『서동시집』(西東詩集)에서 "그대, 죽어서 다시 태어나지 못한다면, 그대는 이 어두운 대지에서 방황하는, 하나의 흐릿한 영혼에 불과하리니"라고 경고하였지만, 다카도의 작품은 죽음과 삶의 명확한 경계를 상실한 채 존재의 의미를 상실한 현대인들의 자화상을 부각시켰다고 할 수 있다.(괴테의 이 시는 하이데거의 『존재와 시간』에도 인용되어 있다. 하이데거는 이러한 '흐릿한 영혼'을 '비본래적 존재'라고 불렀다.)

'폐허'가 작품의 배경과 근원을 이루고 있다는 점에서 다카도의 희곡은 시이나와 그 연원(淵源)을 같이한다고 말할 수 있다. 이러한 사실은 그의 희곡에서 무대의 배경을 이루는 것이 말라빠진 거친 들판이든지 폐허, 나아가서는 죽은 자들의 나라라는 점에서 충분히 감지된다. 아름다운 자연이 배경으로 등장하는 경우는 전무하다. 다카도의 다음과 같은 말은 그의 작품의 출발점이 어디에 있는가를 잘 말해 준다고 하겠다.

패전(敗戰)하던 해의 여름, 군국소년(軍國少年)이었던 나는 아라히토가미(現人神, 살아 있는 인간이면서도 신으로 여겨지던 일본 천황을 가리킴 - 필자 주)를 절대적으로 믿고 있었기 때문에, 선생님들이 지금까지는 절대적이었던 것을 조금씩 무너뜨려가는 데에 질려버렸다. 이제껏 진지했던 소년이 심술 맞은 소년으로 변해갔던 것이다. 그해 가을, 새로운 자기 자신을 만들어줄 것을 믿고서 도쿄의 학원에 편입하였다.(다카도가 편입한 자유학원(自由學園)을 가리킴 - 필자 주) 처음에 보았던 폐허는, 보이는 것이라고는 무너진 기왓장과 잿더미뿐이었다. 시골에서 상경한 소년은 거기에 도시가 있었다고는 믿을 수 없었다. 태초로부터 거기에는 폐허가 있었고, 언제까지나 거기에는 폐허가 있을 뿐이며, 종말에 이르기

까지 그러지 않을까 하는 생각에 겁이 났다.[6]

위의 다카도의 회상은 다카도의 작품이 이러한 폐허로부터 출발하여서 신생(新生)과 부활로 옮겨가는 것임을 역설적으로 말해준다고도 하겠다. 그러므로 죽음에서 부활로 옮겨가기 위해서는 "인간의 현실이고, 천국과 지옥의 중간점인 죽은 자의 세계(陰府)를 철저하게 발굴하지 않으면 안 되었던" 것이 다카도에게 맡겨진 과제였을 것이다.[7] 그런데 죽음의 나라에 살아 있는, 따라서 완전히 죽지도 못하고 배회하는 영혼은 산 자의 나라에서 죽어 있는, 따라서 삶에 철저하지 못한 흐릿한 회색빛 영혼의 역전사(逆轉寫)임에 틀림없다.

평론가이자 시인인 시바사키는 "흑도 백도 아닌, 그와 동시에 흑이기도 하고 백이기도 한 이율배반, 절대 모순의 세계를 추구하였던" 다카도를 "끝없이 회색을 거부했던 극작가"라고 명명하고 있다.[8] 그의 지적대로 다카도의 시야에 들어왔던 인간과 세계의 현실은 죽음도 삶도 아닌 채, 죽음과 삶이 무자각적으로 공존하는 세계일 것이기에, "회색의 거부"는 회색에 대한, 고통과 자기비판을 동반하는 용기 있는 직시 없이는 불가능할 것이다. 여기에 다카도 연극의 근본 색조가 있다. 다카도 자신이 『부조리 연극』의 저자 마틴 에슬린(Martin Esslin)의 말을 인용해서 표현하고 있듯이, 부조리 연극이 "본질적으로는 존재의 의식이라고 해야 할 것, 즉 희극적 · 비극적 부조리와 인간 존재의 신비에 대한 직감을 상연함으로써 무대에 응집할 수 있는 가능성을 열어가는"[9] 것이라고 한다면, 다카도의 작품 세계 역시 이의 연장선상에서 읽어낼 수 있을 것이다.

그에게 있어서 '부조리'란 삶 같지 않은 삶과 죽음 같지 않은 죽음, 곧 살아 있으나 실은 죽어 있고, 죽어 있으나 실은 완전히 죽지 못한 죽음의 현실을 가리킨다. 이러한 부조리는 눈앞에 보이는 '폐허'의 현실로 자각되지만, 그 폐허는 철저히 무화(無化)되지 못하고 허망한 존재에의 미련을 지니고 있다는 점에서 구원의 가능성은 배제된다. 구원은 철저한 죽음을 통해서만 매개되기 때문이다. '새로운 하늘과 새로운 땅'은 낡은 하늘과 낡은 땅 위에 쌓아올려지는 것이 아니라, '돌 하나도 돌 하나 위에 남지 않는' 철저한 부정을 필요로 한다.

다카도의 『주정뱅이 마르메라도프』에 나오는 마르메라도프도 이러한 어중간한 삶의 장(場)에서 배회하는 존재다. 마르메라도프는 도스토옙스키의 소설 『죄와 벌』에서 소냐의 아버지로 등장하는 인물이다. 『죄와 벌』의 주인공은 대학생인 라스콜니코프이지만, 다카도는 이러한 구조를 뒤바꾸어 『주정뱅이 마르메라도프』에서는 마르메라도프가 주인공이고, 라스콜니코프는 익명으로 등장시킨다.

『주정뱅이 마르메라도프』는 해골의 독백으로 시작한다. 그 해골은 자신을 만들어낸 도스토옙스키에 대해 불만을 터뜨린다. 자신은 작가에 의해 작중에서 죽임을 당했는데, 사실은 저 '유랑하는 유대인'처럼, "분명히 죽었는데도, 진짜 죽을 수가 없는 건지, 묻다 묻다 지쳐 있는" 자신을 탄(嘆)하는 것이다.(유랑하는 유대인은 그리스도를 박대한 죄로 영원히 죽지도 못하고 지상을 배회하도록 운명지어졌다는 유대인의 이야기인바, 이에 대해서는 첫 번째 글에서 아쿠타가와의 작품에 등장하는 그 유대인에 대해 언급했었다.) "천국에도 못 가고, 지옥에도 못 가는" 어중간한 상태에서 방황을 거듭하는 마르메라도프의 해골은 죽어 있

으면서도 살아 있는 것처럼 걸어 다니는 현대인의 자화상에 다름 아
닐 것이다.

한편, 죽음과 삶의 경계선상에서 배회하는 영혼들이란, 일본의 역
사 이해 문제와 연결시켜볼 때 지극히 현실적이고 정치적인 문제로도
바뀐다. 다시 말해 과거의 전쟁 행위에 대한 철저한 자기비판 없이 곧
바로 고도성장을 구가하는 시대로 접어들었기에 과거에 대해 철저히
죽고 새롭게 태어나지 못하는 일본의 역사 인식에 대한 다카도의 비
판이 실려 있다고 할 수 있을 것이다. "다카도 가나메의 극 세계는, 사
회적 현실이라고 하는 수평축과 그 수평축의 존립을 흔드는 실존적인
수직축이 격렬하게 싸울 때 일어나는 드라마를 추구한다"[10]는 사이구
사의 평이 말하는 바 그대로이다. 그렇다고 한다면 이제 일본의 역사
적·정치적 현실에 대한 다카도의 비판은 다시금 인간 일반의 존재
양식에 대한 비판과 직결된다. 그것은 자신의 과거를 철저히 죽이고
새롭게 태어난다고 하는 기독교적 인간 이해(십자가와 부활)와 역사
이해(종말과 새 하늘과 새 땅에 대한 비전)를 바탕으로 하면서, 죄와 죽
음에 대해 다시금 죽음으로서 새로운 인간으로 태어나지 못하는 인간
의 비본래적 존재 방식에 대한 비판으로 연결된다는 말이다.

다카도의 작품이 노정하는 종말론적이고 묵시론적 분위기는 그의
작품 제목에서도 이미 엿볼 수 있다. 예를 들어 『흑과 백과 적과 청의
유희』란 권력자와 지배자를 상징하는 하얀 말, 피와 전쟁의 붉은 말,
질병과 파괴의 파란 말, 그리고 죄와 죽음을 의미하는 검은 말이 하늘
을 뒤덮고서 세계를 지배하고 있으며, 결국 이 세계는 죽음과 허무에
복종하고 있음을 상징화하고 있다. 다카도는 그가 극작가로서 지닐

수 있는 장점, 다시 말해 활자화된 희곡이 시각적이고 청각적인 무대에서 연기로서 펼쳐진다는 사실을 충분히 활용하였다. 그의 작품의 무대는 사자(死者)의 세계인 음부(陰府)이고, 거기에 등장하는 것은 죽어서 썩은 냄새를 풍기는 시체, 말라버린 해골, 미라, 관(棺)이다. 그리고 종말의 도래를 알리는 북소리나 요란한 음악 등이 관객의 귀를 뚫고 들어온다. 이러한 사실은 "형이상학적인(metaphysical) 연극이면서 즉물적(卽物的, sachlich)인 연극은 존재의 기분의 연극일 수밖에 없다"는 다카도 연극론의 충실한 반영일 것이다.[11]

목사이자 평론가인 사이구사 레이조(三枝禮三)는 다카도의 작품 세계를 대개 3기로 구분한다. 『하얀 무덤』 등이 발표되었던 1960년을 전후한 시기를 제1기로, 그리고 1970년 전후 시기부터 1980년경의 시기까지를 제2기, 그리고 『지옥에서 돌아온 오시치』나 『오츠무텐텐』, 『주정뱅이 마르메라도프』가 쓰인 1980년대 이후를 제3기로 보고 있다.[12] 그러면서 사이구사는 이러한 다카도의 희곡을 꿰뚫는 명확한 주제로서 '놀이'에 주목한다. 이는 예를 들어 전쟁 말기 지방의 소도시에서 일어난 미군 포로 생체 해부 사건에 연루된 의학부 조교수와 그의 아내의 관계를 다룬 『하얀 무덤』에서 잘 드러난다. 이 작품에서 다카도는 남편의 회개를 요구하면서 스스로 재판을 받을 것을 권유하는 아내의 고통과 고통을 넘어서는 재생을 향한 사랑을 주제로 다루면서도, 이 모든 것이 '병정놀이'나 '병원놀이'에 대응하는 하나의 놀이에 다름 아니라는 점에 주목한다. 그리고 인간들이 벌이는 놀이는 "그들 인간의 놀이 일체를 배후에서 조종하면서 연극을 시켜 더 즐기고 있는 누군가의 놀이라고 하는, 이를테면 형이상적(形而上的) 세계와 관련된 '놀이'의 테마가 일찍이 이곳에 제시되어 있는 것이다."[13] 이는 인간의 놀이로서의 연극 틀을 벗어나, 종말의 날 신 앞에서, 그리고 전 인류 앞에서 인간과 천사와 악마가 공연(共演)하는 종말론적 연극을 꿈꾸었던 다카도 작품 세계의 맹아가 이미 그 모습을 드러낸 것이라고 할 수 있다. 그러므로 다카도에 대한 다음과 같은 평가는 정곡을 찌른다고 하겠다.

> 극작가 다카도 가나메의 작품은 (중략) 인간을 부조리한 존재로 보고, 역사와 삶을 하나의 놀이 구조로 파악하는 데 특징이 있다. 그리고 대부분의 놀이들은 진지하게 전개되는 것이 아니라, 모순과 역설이 넘치고, 억압과 공포로 가득한, 위선과 공허한 세계상을 보여준다. 동시에 세계는 놀이를 통해 희화화(戲畵化)된다. 이런 가운데 작가가 추구하는 놀이는 인간다운 진지한 놀이이자 놀이를 통한 신성한 사명의 발견과 실천이다. 인간의 신성한 놀이야말로 이 부조리한 존재와 세상으로부터 신에게 구원받을 수 있는 길이라는 상징성을 느끼게 한다.[14]

그가 꿈꾸었던 세계는 단테가 『신곡』(神曲)에서 그렸던 세계를 연상케 한다. 단테는 시인 베르길리우스와 구원(久遠)의 여인 베아트리체, 그리고 성(聖) 베르나르도의 안내를 차례차례 받으면서 지옥에서 연옥을 거쳐 천국으로의 혼의 여행을 계속한다. 단테가 보았던 「지옥문」에는 "여기 들어오는 자는 모든 희망을 버릴지어다"라고 쓰여 있었는데, 죽은 자들이 살아가는 세계인 지옥은 죽음을 다시금 죽어서 새로운 삶으로 태어날 것에 대한 여하한 희망도 거부되는 곳을 가리킨다.

이런 점에서 단테가 여행하였던 지옥-연옥-천국은 살아 있으나 죽어 있는 존재로서의 현실적 인간들이 살아가는 이 세계의 역전사에 다름 아니다. 그러므로 이 세계에서도 희망은 단절되어 있다. 이 세계 역시 죽음의 죽음을 통해서 새로운 삶이 주어지는 것이 차단되어 있기 때문이다.

바로 그런 이유로 말미암아 다카도의 비전은 희망을 거스르는 희망이고 절망에 대한 절망이다. 그리고 다카도에게 있어서 희망을 거스르는 희망과 절망에 대한 절망은 그리스도와의 일체감을 통해서 주어진다. 다카도는 스웨덴의 노벨문학상 수상 작가인 페르 라게르크비스트(Pär Lagerkvist, 1891~1974)의 『바라바』(1950)의 일본어 번역판에 해설을 썼다. 「예수는 나를 대신하여 죽었는가」라는 제목의 이 해설 논문에서 다카도는 라게르크비스트가 평생에 걸쳐서 추구하였던 문제, 곧 예수는 과연 나를 '대신하여' 죽었는가라는 물음과, 예수가 과연 '신의 아들'이고 '구세주'였다면 왜 그는 무력하게 십자가에서 죽음을 당하였는가라는 물음을 추구하였던 그 철저함과 집요함에 경탄을 금하지 못한다. 그러면서도 다카도는 라게르크비스트 역시 한때 깊은 관심을 가졌던 도스토옙스키로 회귀한다. 즉 스스로를 "죽음에 이르기까지 불신과 회의의 아들"임을 자처하였던 도스토옙스키였지만, 그는 "진리는 그리스도 밖에 있다고 해도, 진리와 함께하기보다는 오히려 그리스도와 함께 있기를 바란다"고 할 만큼 그리스도에 대한 신앙과 일체감을 살아낸 사람이었다는 사실에 자신을 오버랩시키는 것이다.[15]

다카도가 보았던 희망과 비전은 어떠한 내용의 것이었을까? 『주정뱅이 마르메라도프』에 실린 그의 목소리를 직접 들어보자.

　그리고 언젠가, 세계가 끝나는 날에 (중략) 앙앙 아이처럼 울고 소리치
면서, 껴안고, 서로의 죄를 고백하고 용서를 구합니다. (중략) 그러면 (중
략) 하느님께서, 그것을 보시고, 하느님도 하찮은 인간들의 괴로움을 괴
로움으로 느끼시고 울면서, 한 사람 한 사람의 눈에서 눈물을 닦아주십니
다. (중략) 한 사람 한 사람이 괴로워했던 그 괴로움을 헤아려주셔서, 그
괴로워한 만큼 위로해주신답니다. (중략) 그날, 마지막 날, 지구 전체가
불타 무너져서 불덩이가 되어 흩날리든지, 우주 전체가 빙하가 되어 얼어
붙고, 만물이 바람조차도 움직이지 않게 되든지 (중략) 아무튼 하느님이,
유일한 재판관이, 전 세계를, 전 우주를 심판하십니다. (중략) 그날에, 내
가 구원받을지 못 받을지, 그런 건 하느님만 아십니다. 그날, 꼭 (중략)
꼭, 여러분들도, 뵐 수 있고, 그 도스토옙스키 선생님도 뵐 수 있겠지요.
(중략) 그럼, 이만, 마지막 날까지.[16]

　시바사키가 지적하고 있듯이, 이 에필로그에 등장하는 마르메라도
프의 대사는 이사야서 25장 8절을 인용한 것이다. 이사야는 주가 베푸
는 잔치에 대한 환상을 다음과 같이 기록하고 있다.

　사망을 영원히 멸하실 것이라.
　주 여호와께서 모든 얼굴에서 눈물을 씻기시며
　그 백성의 수치를 온 천하에서 제하시리라.

다카도의 꿈은 계속된다.

　내가 지금도 계속해서 꿈을 꾸고 있는 것은 전 세계의 40억을 넘는 사람들이 한자리에 모여서 한 편의 동일한 연극을 본다고 하는, 종말일지도 모르고 원초일지도 모르는 축제의 광경이다. 거기에서는 어떤 희곡이, 어떤 형식으로 상연될지, 어떤 무대 공간을 연출할지, 물론 나로서는 전혀 예상할 수 없다. 언어를 생각해보아도, 바벨탑처럼 다양화되어 산재하며, 전 지구상의 언어 가운데에서 어떤 언어를 취한다고 해도 그 무대의 대사로 사용하기에 적절할 것 같지는 않다. 몸짓에 대해서도 사정은 마찬가지일 것이다. (중략) 나는 아직 보지도 못한 이 무대에 대한 이상한 몽상을 그만둘 생각이 전혀 없다. 전 인류가 한자리에 모이는 하나의 연극의 성립 근거가 없다면, 우리의 어떠한 연극도, 그것이 아무리 새로운 것이라고 한들, 그리고 아무리 뛰어나고 심오한 연극이라고 한들, 허무한 것이라는 생각이 드는 것이다. (중략) 나는 창조의 원초의 혼돈에 있어서든, 종말의 심판의 아비규환(阿鼻叫喚)에 있어서든, 하나의, 전 인류의 축제가 이루어질 때에 상연될 무대에 살아서 나가고 싶다는 희망을 버리려고 해야 버릴 수 없다. (중략) 나는 그때를 기다린다. 기다리고 기다리다가 지쳐 쓰러진다고 해도, 기다림에 안절부절못하여 정신이 어떻게 된다고 하더라도, 기다림에 절망한 나머지 허무하게 죽게 된다고 하더라도, 여전히 나는 기다릴 수 있는 용기를 지니도록 허락받았다고 어리석게도 믿어 의심치 않는 것이다.[17]

이러한 종말의 때에 무대에 오를 연극은, 그가 자신의 희곡집 후기

에서 부연(敷衍)하는 바를 인용한다면, "무대의 일거수일투족(一擧手
一投足)에 전 인류의 시선이 집중되고, 하나의 대사(臺詞), 하나의 한
숨에도 전 인류의 귀가 쏠리며, 서로 그 반응을 확인하고, 충일감을
서로 드높이게 될 것이다." 이 연극은 그러나 무대 위에 있는 자들만
의 고독하고 일방적인 연극이 아니다. 그들은 끝없이 무대 아래의 관
객과 호응한다. "무대도 역시 관객의 반응에 즉각 민감하게 반응하고,
모든 이들이 대망하는, 인간을 인간답게 풍요롭게 하는 연기, 천사와
같은 숭고함과 악마와 같은 추악함을 최후의 최후까지 표현하고자 모
든 능력을 발휘한다." 다카도는 자신의 『요이야사노 요이야사』에 등
장하는 노인이 "전 세계의 모든 민중이여"라고 부르고 나서 머리를 숙
여 인사하는 퍼포먼스는 그러한 광경에 조금이라도 접근해보려는 시
도였다고 자평한 뒤, "단테의 『신곡』에 상상적으로 묘사된 천국, 연
옥, 지옥을 그대로 총괄한 종말론적 광경이라고 해도 좋을 것이다"라
고 끝맺고 있다.

　시인 단테는 그의 『신곡』을 하느님에게서 방출되는 눈부신 빛을 바
라보며 '우주에 흩어져 있는 모든 것'을 자신 안에 끌어들이는 '한 권
의 책'에 대해 언급하면서 끝맺고 있다. 단테는 노래한다.

　그래서 나는

　감히 그 빛을 바라보았던 것이다.

　그리하여 마침내

　내 시선을 무한한 하느님의 힘과 만나게 만든 것이다.

　아아,

넘칠 듯 풍성한 주의 은총이여, 나는

두려움 없이 영원하신 빛을 정시했고

내 시력을 그럼으로써 충만케 하였던 것이다.

그의 빛 깊디깊은 곳에는

우주에 흩어져 있는 모든 것들이

사랑에 의해 한 권의 책으로 엮어져 있는 것이 보였다.

(허인(許寅) 옮김)

단테가 황홀경 속에서 보았던 ‘한 권의 책’이 모든 진리를 포함하는 것이라고 한다면, 다카도가 보았던 환상은 지상의 모든 이들이 모여 연극을 상연하고 관람하는 ‘한 편의 연극’이다. 그 연극 무대에서는 인간만이 아니라 천사와 악마가 인간과 더불어 공연(共演)할 것이다. 거기에는 해골과 미라가 등장하는 폐허와 같은 무대는 이미 필요가 없는데, 그곳에는 이미 사망도 "밤도 없으며, 등불과 햇빛이 쓸데없기" 때문이다. 그곳은 신의 빛으로 충만한 곳이다(요한계시록 22:5).

"전 세계의 40억을 넘는 사람들이 한자리에 모여서 한 편의 동일한 연극을 본다고 하는, 종말일지도 모르고 원초일지도 모르는 축제의 광경"을 눈앞에 그리는 다카도의 작품 세계는 한국과 일본, 나아가 아시아와 세계 전체의 화해와 평화를 꿈꾸고, 죽음과 삶이 무자각적이고 흐릿하게 동거(同居)하고 있는 모순된 현실을 뛰어넘어서 ‘새 하늘과 새 땅’을 대망(待望)하는 그의 신앙의 표출인 것이다.

세이라이 유이치의
『성수』(聖水)

"또 저가 수정같이 맑은 생명수의 강을 내게 보이니"

_ 요한계시록 22:1

"또 저가 수정같이 맑은 생명수의 강을 내게 보이니"

_ 요한계시록 22:1

나가사키, '가쿠레 기리시단'과
피폭(被爆)의 도시

  소설 『성수』(聖水)로 2001년도 아쿠타가와상을 수상한 세이라이 유이치(青来有一, 1958~)는 지금도 활발히 작품 활동을 벌이고 있는 현역 작가로서 본명은 나카무라 아키토시(中村明俊)이다. '세이라이'라는 필명은 일본의 유명한 소녀 만화인 『미소녀 전사 세일러문』(美少女戰士セーラームーン, 다케우치 나오코(武內直子) 작)에서 따온 것이라 한다.

  세이라이는 이미 1995년에 『제로니모의 십자가』(ジェロニモの十字架)로 《문학계》(文學界) 신인상을 수상하면서 작가로 데뷔하였다. 2001년 『성수』로 제124회 아쿠타가와상이 그에게 주어지기로 결정되었을 때 이미 그의 작품들이 네 번이나 본상 후보작으로 거론되었을 정도로 그는 문단에서 지속적으로 관심의 대상이 되어왔다. 아쿠타가와상의 후보작으로 올랐던 그의 작품과 연도를 열거해보면, 『제로니모의 십자가』(1995), 『우네메의 집』(ウネメの家, 1996 전기), 『흙탕물이 떠도는 바다의 형제』(泥海の兄弟, 1996 후기), 『노부나가의 수호신』(信長の守護神, 1999)이 그것이다. 그는 또 다른 작품집인 『폭심』(爆心)으로 2007년도 이토 세이(伊藤 整)문학상과 다니자키 준이치로(谷崎潤一郎)상을 수상하였다.

히로시마(廣島)와 더불어 일본의 또 하나의 피폭 도시인 나가사키(長崎)에서 태어난 세이라이는 피폭지에서 가장 가까이 위치해 있는 시로야마소학교(城山小學校)를 다녔다. 1945년 8월 9일에 투하된 원자폭탄의 폭심(爆心)으로부터 불과 500m 정도밖에 떨어져 있지 않았던 시로야마소학교에서는 원폭으로 인하여 어린이 1400여 명, 교원 31명, 그리고 학도보국대원 105명이 순식간에 목숨을 잃었다. 소학교 근처에는 피폭당한 나무나 방공호 등이 여전히 남아 있었으며, 학교에서는 피폭과 관련해서 무서운 이야기들을 들으면서 성장하였다. 나가사키대학 교육학부를 졸업한 후 1983년부터 나가사키 시청의 직원으로 근무하였고, 2005년부터는 시평화추진실장(市平和推進室長)에 취임하였다. 해마다 나가사키에 원폭이 투하되어 수많은 희생자를 내었던 8월 9일을 기해 평화공원(平和公園)에서 거행되는 평화기념식전에서 나가사키 시장이 낭독하는 「나가사키 평화선언」의 문안이 이 평화추진실을 통해서 작성된다. 전 세계를 향해 핵병기의 폐기와 세계의 평화를 호소하는 문안이 세이라이의 손을 거쳐 시장에 의해 선언되는 것이다. 시평화추진실에 근무하기 이전에 그는 장애복지과장으로 일했다. 세이라이의 부모가 모두 피폭자(被爆者)라는 점을 생각한다면, 그의 근무 부서는 그의 실존적 현실과 고뇌가 직결되는 장소라고 할

수 있을 것이다. 그리고 너무나도 당연한 말이겠으나, 이러한 현실은 그의 작품에도 그대로 반영되어 있다. 그가 일본의 노벨문학상 수상자인 소설가 오에 겐자부로(大江健三郎)의 세계를 지향하는 것도 오에의 『히로시마 노트』(廣島ノート)가 표방하는 정신에 근거할 것이다. 오에는 말한다.

최악의 절망, 치유하기 어려운 광기의 씨가 배태되는 지점에서 살고 있는, 결코 굴복하지 않는 사람들과 나는 만났고, 결코 구원받지 못할 가혹한 운명의 레일 위를 달리는 청년에게 자기의 운명을 동참시킨, 그러한 전후 세대의 착한 아가씨 이야기도 들었던 것이다. 그리고 딱 부러지게 확실한 희망이 있는 것도 아닌 지점에서 항상 온전한 정신을 유지하며, 착실한 뜻을 계속 펴나가는 사람들의 목소리를 접할 수가 있었다. 나는 히로시마에서 인간의 정통성이라는 것을 구체적으로 생각할 실마리를 얻었다고 생각한다."[1]

그런데 나가사키라는 도시는 피폭이라는 문제를 안고 있는 장소인 동시에, 일본에 가장 먼저 기독교가 전래된 고장이기도 하다. 그리고 일본에 전래된 기독교는 '기리시단' 이라고 불렸고, 이들은 바쿠후(幕府)로부터 혹독한 탄압을 받아 배교하거나 잠복(潛伏)의 길을 걸었다는 것도 잘 알려진 사실이다. 기리시단에 대한 박해와 배교, 그리고 '숨어 있는 기리시단' 이라는 의미의 "가쿠레 기리시단"(かくれキリシタン)을 주제로 엔도 슈사쿠는 『침묵』을 비롯하여 다수의 작품을 썼는데, 그 엔도의 기념문학관이 있는 장소 역시 나가사키현 나가사키시

의 소토메(外海) 지구(地區)다. 나가사키가 지니고 있는 이러한 장소
적 배경은 피폭이라는 주제와 함께 세이라이의 작품 세계를 구성하는
또 하나의 축이 바로 기리시단의 신앙과 배교라는 사실을 암시하기에
충분할 것이다. 실제로 세이라이는 그의 『제로니모의 십자가』에 등장
하는 주인공—그는 배교자의 후손이다—의 이름으로 자신의 필명인
'세이라이'를 그대로 사용한다. 더욱이 그는 시청의 자료 편집실에서
자료 정리 담당자로 근무하는 것으로 그려진다는 점에서도 작가 세이
라이와 등신대의 인물이라고 여겨진다.

　이런 점에서 보면, 세이라이의 문학은 일본 근대화의 첫 단초(端初)
를 형성하고 있다고도 할 수 있는 기리시단의 전래와 그에 대한 박해,
그리고 배교라는 한 축과, 일본의 근대화 과정에서 축적된 모순의 귀
결이라고도 할 수 있는 피폭을 또 다른 축으로 한다고 하겠다. 그의
문학은 이 두 가지 축을 중심으로 퍼져나가는 파문(波紋)이 사람들의
삶 속에 남겨놓은 기억을 성실히 기록하려는 노력이다. "원폭 그 자체
가 주제가 아니라 사람과 장소가 지닌 기억으로서의 원폭에 대해서
쓰고 있으며, 거기에는 여하한 이데올로기도 없다"는 세이라이의 발
언을 따라가자면, 기리시단을 둘러싼 이야기도 결국은 '사람과 장소
가 지닌 기억'으로서 소설의 대상이 됨을 알 수 있다.

　세이라이는 어느 인터뷰에서 "나가사키에서 글을 계속 써나가는 사
람에게는, 원폭(原爆)을 쓰는 것이 사명이 아닌가라고 생각하면서도,
그것을 절실한 테마로 쓰는 방법을 알지 못한다"라고 하는 것이 "피폭
된 지 반세기 이상 지난 지금, 원폭을 쓰고자 하는 사람의 정직한 심
경"이라고 밝힌 바 있다. 그는 『성수』에서 등장인물의 입을 통해 "폭

심지(爆心地)에서 한순간에 소멸된 사람의 기억이 자신 속에 담겨져 있다"고 쓰고 있는데, 이는 '나가사키'를 주제로 작품 활동을 하는 소설가 세이라이의 출발점이라고 할 수 있을 것이다. 평론가 다나카 도시히로(田中俊廣)는 세이라이의 작품집에 붙인 해설문에서 세이라이 작품의 근본 모티브를 "신 없는 시대의 기도"(神なき時代の祈り)라고 부르면서 다음과 같이 정리하고 있다.

불과 60년 전 1개의 원자폭탄에 의해서 7만 명 이상의 사람이 목숨을 잃었고, 또 백수십 년 전까지만 해도 기리시단 탄압에 의해서 가장 인간적인 정신의 행위인 신앙이 인격의 유린(蹂躪)과 함께 박탈당하였던 것이다. 아직 한 세대에서 세 세대까지의 시간밖에 지나지 않았음에도 불구하고, 우리의 대부분은 중대한 과거를 잘라버리고, 물질적인 번영을 향유하고 있을 뿐이어서, 마음속이나 정신에 대한 탐구는 하지 않은 채 방치되어 있다. 아마도 세이라이 유이치의 소설은 이러한 세간에 대한 비판이고, 진정한 역사적 시간의 탈환을 시도한 것이라고 할 수 있다."[2]

'신 없는 시대의 기도'를 작품으로 펼쳐나가는 세이라이는 『침묵』의 작가 엔도 슈사쿠를 추모하기 위해 엔도슈사쿠문학관에서 열린 한 모임에 참가하여 다음과 같이 말한 적이 있다.

저 자신은 무종교, 무신론자로서 어떤 종교도 믿은 바가 없었고, 지금도 아무런 종교를 가지고 있지 않습니다. 저의 공부가 부족하여 뭔가 대단한 내용을 말씀드릴 수는 없습니다만, 세계사를 객관적으로 파악하고

자 한다면, 하나의 종교에만 관여하는 게 오히려 어려운 것은 아닌가라고도 생각합니다.

그러나 엔도 슈사쿠가 생각하는 그리스도상에는 감명을 받고 있습니다. 신이 정한 계율을 파괴하면 엄한 벌을 받는다고 하는 기독교와는 달리 인간은 약한 존재이고, 그것을 마리아가 용서하신다고 저는 받아들였습니다.

또 그리스도 자신도 기적을 일으키는 것이 아니라, 병에 걸린 사람의 손을 잡고 그 괴로움과 슬픔을 나누어 갖는다고 합니다.

이것은 엔도 슈사쿠의 순수 문학 이외에 이른바 중간 소설에도 나타나고 있습니다.『헤치마 군』(ヘチマ君),『위대한 바보』(おバカさん),『내가 버린 여자』(私が棄てた女)에 등장하는 인물들은 모두 그리스도와 동일한 존재로 그려졌다고 믿고 있습니다.『몹쓸 놈』(イヤな奴)에서 한센병 환자와 야구 시합을 하던 중, 볼을 가지고 터치되기 직전에 그 자리에 멈춰 버리는, 약한 '나'를 비난할 수 있는 사람은 아무도 없다고 생각합니다.

종교로서의 기독교를 믿지는 않습니다만, 엔도 슈사쿠가 그린 그리스도상에는 지금도 공감하지 않을 수 없습니다.

위의 세이라이의 표현은 오에 겐자부로가 원폭이 투하되었던 나가사키의 우라카미(浦上) 성당에서 행한 강연을 연상시킨다. 오에의 강연 제목은 〈신앙하는 사람들도, 그렇지 않은 나도〉였다.

나로서는 초월하는 것이 있다고 생각하고, 오히려 없어서는 안 된다고 생각합니다. 그러므로 손으로 더듬어 찾는 것처럼 기도하고 있습니다. 기도하지 않으면 안 된다고 하는 사람을 저는 좋아합니다. 저도 언젠가는 그런 사람이 되리라고 생각하고 있습니다. 물론 신앙을 가지고 있는 사람도 존경합니다만, 자기 신앙을 가지고 있지 않고, 단지 아담의 모습과 같이 손을 뻗칠 뿐, 거기에 닿는 손이 있을지도 모르는 가난한 마음으로 희망하고 있습니다. 희망하고 있는 그런 인간은 많다고 생각합니다. 오히려 매우 많은 사람이 있음에 틀림없다고 저는 생각합니다. 그렇게 신앙을 가지고 있지 않아도 무언가 손을 내밀지 않으면 안 되는 것입니다. 마음속의 손이라는 것이 되겠습니다만, 그런 손을 가지고 우리도 정말 신앙을 가지고 있는 사람들과 협력해서 같은 방향으로 나아간다는 게 저는 20세기의 막바지에서 21세기 초를 어떻게 살아갈 것인가 하는 문제에 대해 많은 사람들에게 제시할 수 있는 좋은 모델이라고 생각합니다. 그것은 일본에서 가능하고 한국에서 가능하겠지요. 그리고 유럽과 미국에서 가능할 겁니다. 즉 이것이야말로 신앙을 가지고 있는 사람들과 신앙을 가지고 있지 않은 사람들이 함께 살아가고 있는 사회에서 시민의 가장 훌륭한 협동 형태가 아닐까 하고 생각합니다."[3]

이런 점에서 오에의 문학을 '신앙 없는 자의 기도'라고 부르는 것은 타당한 일일 것이다.[4] 앞서 언급하였던 평론가 다나카가 세이라이의 문학을 '신 없는 시대의 기도'라고 명명한 사실에 수긍할 수 있다면, 우리는 세이라이가 오에 겐자부로의 작품 세계와 동일한 방향을 지향함과 동시에, '가쿠레 기리시단'에 대한 한없는 애정을 가지고 그들의 신앙 세계를 묘사해나갔던 엔도 슈사쿠의 그것과도 상통함을 미루어 짐작할 수 있다.

'성수'와 구원에의 희구(希求)

『성수』는 말기 암 진단을 받은 아버지가 "어렸을 때 살았던 집에서 다시 살고 싶다"고 소망함에 따라 일가가 "우라카미(浦上)가 내려다보이는 언덕 위에 폐옥이나 다름없이 남겨진" 집을 사고 개수해서 이사하는 장면에서부터 시작한다. 그들이 이사해 온 곳은 쇼와(昭和) 초기 때까지만 해도 "우노스케(ウノスケ)의 자손"이라고 불리던 사람들이 모여 살던 집단 취락지였다. 우노스케는 배교한 기리시단인 야마무라 우노스케(山村卯之助)를 가리키는 이름으로 그는 자신의 신앙을 버렸을 뿐만 아니라, 관헌의 앞잡이가 되어 '잠복(潛伏) 기리시단'을 색출하여 고문한 것으로 악명을 남긴 인물이었다. 그의 고문법이 '우노스케 묶기'라고 불릴 정도로 잔혹한 행위를 서슴지 않았던 인물이었다.

그다지 크지 않은 슈퍼마켓을 경영하는 아버지는 암 수술을 받고 나서는 회사에 나오지 못하고 집에서 죽음을 기다린다. 아버지의 먼 선조는 '가쿠레 기리시단'이라고 알고 있다. 아들은 다니던 은행을 사직하고 귀향하여 아버지 곁에 있게 된다.(소설은 아들이 주인공이 되어 '나'라는 시점에서 이야기를 전개해나간다.) 아버지는 재활용 가게를 운영하고 있으며 자신과 함께 학교를 다녔던 사촌 형제인 사가리(佐我里)를 임원으로 불러들였는데, 사가리와 아들 사이의 갈등도 이 소설에서 중요한 축을 이루고 있다. 역시 배교한 기리시단의 피가 흐르고 있는 사가리는 중학생 시절, 동료에게 '우노스케 묶기'를 실시하여 그가 배신했다는 사실을 실토하게 한 적도 있었다. 그는 어딘가 영성(靈性)을 체득한 것처럼 보이는 동시에 영악한 장사 수단도 소유한 사람이다. 아버지의 말대로 "장사는 어딘가 종교와 유사한 데가 있어서"일지도 모르는 일이다. 그는 자신이 성수의 수맥을 발견했다고 하면서, 지하수(미네랄워터)를 '성수'라고 팔고 있는데, 병에 효과가 있다고 알려져 매출이 좋았던 것이다. 뿐만 아니라 사가리는 '가쿠레 기리시단'의 기도(=오랏쇼)[5]를 부활시켜 이를 암송하는 집단에서 교조(敎祖)처럼 되어 있는 인물이기도 하다. '오랏쇼'는 선교사들이 국외로 추방되어 일본 내의 기리시단이 완전히 공식적 교회로부터 단절되었을 때, 기리시단들이 올리던 독자적인 기도문이다. 그러므로 일본 정부에 의해서 선교사 추방령이 철회되고,[6] '가쿠레 기리시단'들이 공식적인 가톨릭교회의 신앙 지도를 받는 오늘날에는 이미 사용되지 않게 되었다. 그럼에도 불구하고 일부의 가쿠레 기리시단의 후예들에게 있어서 '오랏쇼'는 자신들의 신앙적 정체성을 의미하는 비교(秘敎)적인 성격의 것이 되었다. 사가리도 자신들이 교회와는 '다른 신앙'을 지니고 있음을 인정한다. 그러면서도 '오랏쇼'를 버리지 않는 것은 "중요한 것은 무엇을 믿는가 하는 것이 아니라, 믿을 수 있는가 없는가 하는 것이기 때문이다. 믿을 수 없다면, 사람은 끝까지 방황할 수밖에 없기 때문이다"라고 그는 말한다. 사가리는 이윽고 "우노스케의 후예에 해당되는 사람들을 모아 성수회(聖水會)를 조직한다."

자신의 죽음이 임박했음을 절감한 아버지는 점점 더 성수의 효능을 믿게 되고, 또 사가리를 신뢰하는 어머니도 기적이 일어나기를 기대한다. 아버지는 "매일 500밀리리터의 성수를 몇 병씩 마셨으며, 밥을 지을 때에도 그 성수를 사용하였다." 아버지의 말대로 "사람은 죽을 때 무언가를 믿지 않고는 죽을 수 없는" 것이다. 아들은 이에 반발한

다. 다른 회사에서 판매하는 미네랄워터와 조금도 다를 바가 없을 뿐
더러, 다른 회사의 상품보다 '성수'가 비싸다는 것도 그에게는 불만이
었다. 이른바 '성수'를 기적의 물이라고 믿느냐는 아들의 비아냥거리
는 질문에 아버지는 이렇게 대답한다.

　물론 믿고 있지. 정말 아픔이 사라진단 말이다. 그래서 좋은 거야. 그래
　서 성수는 좋은 것이야. 다른 미네랄워터와는 달라. 그것은 이 세상과 저
　세상을 연결하는 물이기 때문이지.

　'이 세상과 저 세상을 연결하는 물'로서의 '성수'를 마시는 아버지
에게 이 세상은 이미 수많은 정령(精靈)으로 가득한 세상이다. "건강
하고 바삐 움직일 때에는 아무것도 보이지 않고, 아무것도 느낄 수 없
었지. 이렇게 되고 보니, 잘 알 것 같고, 잘 느끼는 것 같아. 언젠가 히
데노부(秀信)(주인공의 이름 - 필자 주)도 알게 될 때가 올 거야. 여기
저기에 정령이 숨어 있어. 나뭇잎 뒤에도, 나무 밑에도, 나무뿌리 그
늘에 가려진 채, 벌레처럼 작은 손을 마주 비비면서, 머리를 숙이고,
흩트러지지 않은 한 마음〔一心不亂〕으로 읊조리고 있어." 그러므로
"팔백 만의 신"(야오로즈노가미, 八百萬の神)을 믿는 일본의 전통 속에
서라면 "가톨릭교회의 묘지인데도 오봉(お盆)에 성묘(墓參り)를 하는
사람이 있는 것"도 당연한 일일 것이다.
　일본의 전통 명절인 '오봉'은 불교 용어인 우라봉(盂蘭盆)의 약자
로, 원래 조상의 영에게 음식을 바쳐 제사지내는 불사(佛事)의 하나였
는데 현재 일본에서는 대개 양력 8월 15일을 오봉으로 지키고 있다.

그런데 "가톨릭교회의 묘지인데도 오봉에 성묘를 하는 사람들"이란 일본의 종교적·문화적 토양에 동화되어 일본적인 가톨릭 신앙을 가진 사람들임에 틀림없다. 『성수』에서 세이라이는 주인공과 그가 연모의 감정을 품고 있는 여인 가야노와 나누는 대화 속에서, 이러한 일본화된 신앙의 일단을 내비친다. 그것은 엔도의 표현을 빌려서 말한다면, '어머니 되시는 분'으로서의 신 이해이다.

"사가리 씨는 정말로 이 물의 기적을 믿고 있습니까?"

가야노 씨는 머리를 가로저었다.

"그 사람은 아마도 기적을 믿지는 않을 거예요. 언제나 하느님은 지켜보아 주시면서도 그 어떤 일에도 직접 손을 내밀지는 않는다고 말하고 있으니까요."

"아무것도 해주지 않는단 말입니까?"

"그래도 지켜보아 주시는걸요."

"냉정한 하느님이군요."

"하느님도 아픔을 느끼십니다. 아들이 머리를 부딪치면 엄마도 아픔을 느끼지요."

그리고 이 점에서 세이라이는 엔도가 감동을 가지고 보았던 저 기리시단의 토착적 신앙을 극히 담담하게 그려내고 있다고 할 수 있다. 엔도는 「어머니 되시는 분」이라는 단편에서 자신이 보았던 기리시단의 성화(聖畵)를 다음과 같이 묘사한다.

그리스도를 안은 성모의 그림, 아니 그것은 젖먹이를 안은 농사꾼 아내의 그림이었다. 아이의 옷은 엷은 남색이었고 농사꾼 아내의 옷은 황토색으로 칠해져 있었다. 치졸한 채색과 그림만 보아도 그것은 이곳 가쿠레(가쿠레 기리시단을 가리킴 - 필자 주) 중에서 누군가 꽤 오래전에 그렸던 것임을 쉽게 알 수 있었다. 농사꾼 아내는 가슴을 젖히고 유방을 드러내놓고 있었다. 띠는 앞으로 묶게 되어 있어서 어느 모로 보나 작업복으로 보였다. 이 섬 어디에서나 만날 수 있는 여자들의 얼굴이었다. 어린아이에게 젖을 물린 채 밭을 간다든지, 그물을 준비하는 어머니의 얼굴이었다. 나는 조금 전 수건으로 머리를 싸매고서 인사하던 그 어머니의 얼굴을 갑자기 떠올렸다. 지로는 쓴웃음을 짓고 있었다. 나카무라도 얼굴로는 진지한 표정을 짓고 있었지만 속으로는 웃고 있음에 틀림없었다.

하지만 나는 서투른 손으로 그려진 그 어머니의 얼굴로부터 한참 동안이나 눈을 뗄 수가 없었다. 그들은 이 어머니 그림을 향해 마디가 굵은 손을 모아 용서의 오랏쇼를 드렸던 것이다. 그들도 나와 같은 생각이었을까 생각하니 감개가 무량하여 가슴이 벅차올랐다. 그 옛날 선교사들은 아버지 되시는 하나님의 가르침을 가지고 파도를 넘어 이역만리 이 나라에 왔지만, 선교사들이 쫓겨나고 교회가 훼손된 후 긴 세월이 지나는 사이에 아버지 하나님에 대한 가르침도 일본 종교의 본질적인 것, 즉 어머니에 대한 사모로 변해버리고만 것이다.[7]

아버지에게 필요했던 것은, 그러나 문자 그대로의 기적은 아니었다. "나는 암이 말끔히 사라져버리는 기적을 구하는 것이 아니야. 다만 죽는 순간, 무언가에 충만해 있다면 그걸로 만족이야. 목이 마르지만 않다면, 그리고 여러 가지 불안만 없다고 한다면, 그걸로 충분해.”

또한 아버지는 ‘가쿠레 기리시단’의 전통에 따라 교회에 가서 “세례를 받는 대신 조상들이 했던 것처럼 하고 싶다”고 부탁한다. “오랏쇼를 읊고 싶어. 완전히 숨어서 그것을 읊조리면서 죽고 싶어. 250년간이나 조상들이 지켜왔던 기도를 드리면서 죽음을 맞이하고 싶은 것이야.” 아버지가 사가리를 가까이 하는 것도 그가 ‘오랏쇼를 부활시켰음’을 알고 있기 때문이었다.

날로 쇠약해져가던 아버지는 회사의 계승자를 뽑는 임원회가 자신의 뜻한 바대로 움직여지지 않았다는 사실을 알고는 자신이 배반당했다는 사실에 분노와 후회를 느끼면서 그만 쓰러지고 만다. 그리고 배교자 우노스케의 후예들에 둘러싸인 가운데 위독한 아버지의 소망대로 사가리를 중심으로 한 신자들이 오랏쇼를 읊는다.(“조상들도 이것을 읊으면서 세상을 떠났겠지. 그렇다면 그 기도를 읊어줘.”) 이 광경을 목도하면서, 오랏쇼나 기적을 부정하였던 주인공의 마음에도 미묘한 변화가 일어나게 된다. 그도 사실은 언제부터인가 “물에 성성(聖性)을 구하기 시작한 자기 자신을 발견하게” 되고, “나는 목이 마르다고 느껴서 언뜻 찬 성수가 마시고 싶었다. 만일 아버지가 느끼고 있는 듯한 신비의 감각을 실지로 느낄 수 있다면, 나도 성수의 기적을 믿어도 좋다”라고까지 느끼고 있었던 차제였다.

낡아빠진 집의 다다미방에서 조용히 머리를 숙이고 있는 창백한 이교도(異教徒)의 모습을 나는 보았다. 그들이 창화(唱和)하는 구절구절마다 생각도 못했던 사이에 의미가 떠올라, 계시처럼 내 가슴속에서 섬광을 발하면서 나를 괴롭혔다. (중략) 이미 사라져버렸음에 틀림없는 숨겨진 신앙을 전하는 일군의 사람들이, 지금도 거기에서 이상한 기도의 말을 읊고 있었던 것이다. (중략) 아무런 의사 표시도 없이 눈을 감고 있던 아버지가 갑자기 겨우 들릴락말락한 목소리로 읊조리기 시작하였다. 의식은 혼탁하여 눈은 감은 채였지만, 콧노래처럼 이국(異國)의 말로 읊기 시작하였다. 성수회의 사람들의 목소리가 높아짐에 따라서 아버지의 목소리도 뚜렷해졌고, 그 표정은 점차로 유화하게 풀려갔다. (중략) 나도 무릎에 놓인 기도문을 지그시 내려다보았다. 만일 한마디라도 오랏쇼를 읊는다면, 나 역시 손이 윤곽을 잃어, 뼈가 투명해지고, 망령(亡靈)의 집단이 되어 사라지게 될 것이다. 나는 당황함을 느끼면서도 어디까지나 혼성의 창화 속에서 가야노 씨의 맑디맑은 목소리를 찾으려고 그 뒤를 쫓을 뿐이었다.

하지만 다카카가 평하고 있듯이, 주인공은 이른바 신앙심을 가지기 직전까지 이르지만 이성과 감정의 갈등 속에서 연인(가야노)의 '맑디맑은 목소리'에 의식을 집중한다. 그가 오랏쇼에 참가할 수 있었던 것은 이러한 식으로만 가능하였던 것이다. 신을 믿으면서 신에게 어린아이처럼 기도드리는 것으로 아버지의 기도에 동참하고 싶다고 느끼면서도, 그렇게 되면 자신을 잃어버리지는 않을까라는 그의 이성적 회의가 그를 멈춰 세웠던 것이다.

우연의 일치겠으나 세이라이의 『성수』가 제124회 아쿠타가와상을 수상하였을 때, 후보작으로 거론되었던 작품 중 하나가 겐유 소규(玄侑宗久)의 『물의 뱃머리』(水の舳先)였다. (겐유는 그의 또 다른 작품인

『중음의 꽃』(中陰の花)으로 제125회 아쿠타가와상을 수상하였다.) 게이오 대학 문학부를 나와 현재 후쿠시마현(福島縣)에 있는 사찰인 후쿠주사 (福聚寺)의 주지(住職)인 겐유가『물의 뱃머리』에서 그리고 있는 것도 다름 아니라 물의 치유력에 대한 신앙이었다.『물의 뱃머리』에 등장하는 인물의 군상(群像)은 말기 암 등의 병으로 세상의 치료를 단념한 사람들이다. 그들은 축수장(ことほぎ莊)이라고 하는 온천 여관에 장기간 묵으면서, 그곳의 '영천'(靈泉)에서 흘러나오는 물의 효험을 기대하고 있다. 아쿠타가와상의 심사위원의 한 사람이었던 작가 후루이 요시키치(古井由吉)가 말하고 있는 대로이다.

어느 쪽이나(세이라이의『성수』와 겐유 소규의『물의 뱃머리』 - 필자 주) 생육병고(生育病苦)로부터의 쾌유를 바랄 뿐만 아니라, 사람을 생으로부터 죽음으로 평온하게 건네주는 영험(靈驗)이 깃든 것과, 그것을 실제로 부탁하는 인간이 있는 바의 '물'의 이야기다. 전자는 기리시단 주변의 샘에서 직접 퍼올리는 것이 아니라 그 샘과 통한다고 여겨지는 근처의 지하수에서 기계로 퍼올려서 지역에 널리 판매되는 광천수, 즉 미네랄워터다. 후자도 산기슭에서 솟아나는 광천수에서 그 효력을 감지한 현지의 건축업자가 간이 요양 시설을 만들자, 중병을 앓는 손님들이 멀리서부터 찾아오는 이야기다.[8]

끊임없이 "흐르고" "씻어 내리는" 물은 "이 세상" 한가운데에서 "이 세상"을 끝없이 초월하도록 만드는 에너지며, "이 세상을 저 세상에 연결시키는" 통로이기도 하다. 물은 흐르면서 모든 것을 정화(淨化)시

키는 것이다. 아니 물은 단순히 더러운 것을 깨끗하게 정화시키는 데 그치지 않고, 더럽고 속된 것을 '거룩한 것'으로 만드는 '성화'(聖化)의 힘이 있다. 그래서 '성수'(*aqua benedicta*)는 세이라이가 작중의 아버지의 입을 빌려서 표현하고 있듯이, "이 세상과 저 세상을 연결하는 물"이라는 점에서 이 세상 속에서 저 세상을 보도록 해주는 힘이기도 하다. 나아가 세이라이의 '성수'는 서구적 기독교 신앙을 일본적 영성이라는 토양에 뿌리내리도록 해주는, 위의 어투를 그대로 살려서 말해본다면, '서구적 기독교 신앙을 일본적 기독교 신앙에 연결하는' 계기이기도 하다. 앞서 우리가 엔도 슈사쿠에게서 발견하였던 '물'의 이미지가 세이라이에게서도 발견되는 것이다. 이런 의미에서 세이라이의 『성수』가 '아쿠타가와상'을 수상했다는 사실은, 단순히 작품의 우수성이 인정받았다는 것 이상의 의미를 우리에게 주고 있다. 아쿠타가와를 사로잡았던 중요한 테마의 하나가 다름 아니라 '일본에서 태어난 나의 그리스도'에 대한 추구였기 때문이다. 아쿠타가와는 『서방의 사람』(西方の人)에서 이렇게 말하고 있었다.

일본에서 태어난 '나의 그리스도'(わたしのクリスト)는 반드시 갈릴리 호수를 바라보지는 않는다. 빨간 열매를 맺는 감나무 아래서 나가사키 해안의 후미진 곳도 바라보고 있다. 그래서 나는 역사적 사실이나 지리적 사실을 돌아보지 않는 것이다. (중략) 그리고 나는 그리스도의 말이나 행동 하나하나를 충실하게 소개할 여유도 없다. 나는 단지 내가 느낀 대로 '나의 그리스도'를 기술하고자 한다.[9]

|주|

아쿠타가와 류노스케의 '나의 그리스도'

1) 芥川龍之介,「さまよえる猶太人」,『芥川龍之介 全集』(第一卷), 岩波書店, 1977, 445頁 이하. '방황하는 유대인'(wandering Jew)을 둘러싼 전설적인 이야기들은 유럽의 반유대주의를 함의한다고도 할 수 있는데, 소설이나 음악 등 여러 가지 장르의 작품으로 재해석되었다.

2) 참조. 졸저,『엔도 슈사쿠의 문학과 기독교』, 신지서원, 1998.

3) 宮坂 覺,『さまよえる猶太人』,『解釋と鑑賞』, 48.4(1983), 42頁.

4)『さまよえる猶太人』, 448頁.

5) 芥川龍之介,『西方の人』,『芥川龍之介全集』(第九卷), 230〜231頁.

6) 芥川龍之介,「續西方の人」,『芥川龍之介全集』(第九卷), 257頁.

7) 丸山眞男, "原型・古層・執拗低音:日本思想史方法論ついての私の歩み",『丸山眞男集』(第十二卷), 107〜156頁.

8) 遠藤周作,「私の文學」,『異邦人の立場から』, 267〜268頁.

9) 井上洋治,『風のなかの想い』, 日本キリスト教出版局, 1989, 19頁.

10) 遠藤周作,「誕生日の夜の回想」,『異邦人の立場から』, 講談社, 1990, 100頁.

11) 武田淸子,『土着と背教:伝統的エトスとプロテスタント』, 新教出版社, 1967.

12) 加藤周一・M.ライシュリ・R.J.フトン,『日本人の死生觀』, 矢島翠 譯, 岩波書店, 1977, 59頁.

13) 上同, 62頁.

14) "はなのいのちはいく年ぞ, 時過ぎて たづねれば 花はなく あるのはただいばらのみ."

15) 川端康成,『美しい日本の私』, 講談社, 1969, 10頁.

16) 참조. 졸저, 『대지와 바람: 동양신학의 조형을 위한 해석학적 시도』, 다산글방, 1994, 79~97쪽.

17) 川端康成, 上同, 22~23頁.

18) 上同, 36頁. 가와바타가 인용하는 도겐 선사의 와카는 다음과 같다. "봄에는 (벚)꽃, 여름에는 두견새, 가을에는 달, 겨울에는 맑고도 차가운 눈"(春は花夏ほととぎす秋は月 冬雪さえて冷しかりけり).

19) 『日本人の死生觀』, 74頁.

20) 上同, 77頁.

21) 上同, 110~111頁.

엔도 슈사쿠와 '물'의 성사(聖事)

1) 武田友壽, 『遠藤周作の文學』, 聖文社, 1975, 173頁.

2) 앞의 책, 227쪽.

3) 佐古純一郎, 『椎名麟三と遠藤周作』, 朝文社, 1989, 191頁 이하.

4) 高山鐵男, "モーリヤックと遠藤周作", 『國文學』, 9(1993), 71頁.

5) ヴァン・C・ゲッセル, 「集いの地に行きたい―『深い河』考」, 『遠藤周作とSyusaku Endo』, 春秋社, 1994, 203頁.

6) 遠藤周作, 「學會記念講演」, 上揭書, 82頁.

7) 廣石廉二, 『遠藤周作のすべて』, 朝文社, 1991, 67頁.

8) 미츠코가 강에 발을 담그는 장면에 대한 묘사는 엔도가 프랑스 작가 세프론에게서 빌려온 것이다. 엔도는 『죽음에 대해서 생각한다』라는 책을 다음과 같이 마감하고 있다. "모두(冒頭)에 세프론의 말을 썼습니다. '죽음이라고 하는 것은 아마 바다와 같을 것이다. 들어갈 때는 차갑지만, 일단 안에 들어와버리면…….' 들어갈 때는 매우 차갑습니다. 차갑기 때문에 소리를 질러도, 발버둥을 쳐도 좋을 것입니다. 그것이 통과의례로서의 죽음의 괴로움이겠지요. 그러나 일단 들어가버리면 바다, 영원한 생명의 바다, 바로 그 바다에는 태양빛이 빛나듯이 사랑이 빛나고 있습니다." 遠藤周作, 『死について考える』, 光文社, 1996, 205頁.

9) ジョン・ヒック, 『自傳―宗教多元主義の實踐と創造』, 間瀬啓允 譯, トランスビュー,

2006, 412頁.(John Hick, *John Hick: An Autobiography*, Oneworld Publications, 2005)

아리시마 다케오와 '배교의 논리'

1) 『內村鑑三全集』(第20卷), 岩波書店, 1955, 533~534頁. 이 글에서는 '배교'(背教), '기교'(棄教), '이교'(離教) 등을 인용된 글에 사용된 그대로 전용하겠다. 그러나 이들 세 가지 용어의 적확한 사용을 위해서는 별도의 진지한 논의를 필요로 할 것임에 틀림없다. 근대 일본의 기독교 문학자들을 논함에 있어서 이러한 개념 사이의 미묘한 차이에 착안해야 함을 가르쳐준 시인 시바사키 사토시(柴崎 聰) 씨에게 감사한다.

2) 武田淸子,「背教者の人間觀—有島武郎における『自我』の追求」,『キリスト教と文化』(國際基督教大學), 1(1964), 147頁.

3) 『全集』(20卷), 岩波書店, 1955, 508頁.

4) 瀧澤武人,『近代日本文學とキリスト教』,『桃山學院大學キリスト教論集』, 17(1981), 73頁.

5) 아리시마의 삶과 기독교의 관계에 대해서는 《世紀》, 431(1986)~442(1987)에 연재된 吉田とよ子,「キリスト教と日本文學者Ⅲ—『悲しき性–有島武郎の煩悶』」를 많이 참조하였다.

6) 笠原芳光,「背教の論理—有島武郎の場合」,『キリスト教社會問題研究』, 20(1972), 85頁.

7) 예를 들어 아리시마는 유학 중에 '인간 위대성의 제일 높은 고지에 앉아 있는' 인간 예수를 묘사한 에른스트 르낭의 『예수전』을 탐독하였다. 1863년에 출판된 에른스트 르낭의 『예수전』이 일본에 소개된 것은 1908년(메이지 11년)의 일이지만, 아리시마는 유학하고 있던 미국에서 이미 1903년에 르낭의 저서를 구입해서 읽었던 것이다. 宮野光男,「有島武郎研究—キリスト論を中心に」,『國文學研究』, 2(1966), 71頁.

8) 增子正一,「有島武郎研究—自由主義的神學との關係」,『キリスト教學』(立教大學キリスト教學會), 23(1981), 57頁. 에비나는 일본에 소개된 자유주의 신학의

영향을 받은 신학자로 정통주의를 대변하는 우에무라 마사히사(植村正久)와 대척점(對蹠點)을 이루는 인물이다.

9) 吉田とよ子, 「キリスト敎と日本文學者Ⅲ」(第4回), 《世紀》, 434(1986), 93頁.

10) 宮野光男, 「有島武郎硏究—著作集第8,9輯 『或る女』をめぐって」, 『日本文學硏究』(梅光學院大學日本文學會), 21(1985), 112頁에서 재인용.

11) 上同, 109頁.

12) 富岡幸一郎, 「『或る女』と有島武郎—その信仰と苦悶」, 『國文學—解釋と鑑賞』, 6(2007), 12頁에서 재인용.

13) 『惜しみなく愛は奪ふ』, 『有島武郎全集』.

14) 富岡幸一郎, 前揭文, 13頁.

15) 武田淸子, 『土着と背敎: 傳統的エトスとプロテスタント』, 新敎出版社, 1967, 5頁.

16) 武田淸子, 「背敎者の人間觀—有島武郎における『自我』の追求」138, 140頁.

17) 上同, 138~139頁.

18) 武田友壽, 「正統と異端についての文學ノート—背敎文士の功罪」, 《世紀》, 360(1980), 94頁.

19) 『有島武郎全集』(第六卷), 1924, 笹原芳光, 前揭文, 100頁에서 재인용.

20) 笹原芳光, 前揭文, 100~101頁.

21) 富岡幸一郎, 前揭文, 13頁.

시마자키 도손과 '신생'(新生)에의 희구

1) 『藤村詩集』, 新潮文庫, 1968.

2) 高坂薰, 『藤村の世界—愛と告白の軌跡』, 和泉書院, 1987, 4頁.

3) 及川和男, 『佐藤輔子—藤村永遠の戀人』, 本の森, 1999, 265頁 이하.

4) 예를 들어 『신생』의 1부가 발표된 후 아쿠타가와는 『어느 바보의 일생』(或る阿保の一生)에서 "『신생』의 주인공 같은 노회(老獪)한 위선자를 만난 적이 없다"라고 혹평하였다. 『신생』의 2부는 이러한 세간의 차가운 시선을 의식하면서 쓰였다.

5) 吉田とよ子, 「キリスト敎と日本文學者—『恥の殼』島崎藤村の背信(1)」, 《世紀》,

412(1984), 88~91頁.

6) 高坂 薰, 前揭書, 1頁.

7) 伊藤 整, 『日本文壇史 Ⅷ』, 講談社, 1966, 5頁.

8) 고쿠가쿠(國學)란 에도(江戶) 중엽 모토오리 노리나가(本居宣長, 1730~1801)
   나 히라타 아츠타네(平田篤胤, 1776~1843) 등에 의해 확립된 학문 분야다. 고쿠
   가쿠는 고지키(古事記), 니혼쇼키(日本書記), 만뇨슈(萬葉集) 등과 같은 일본
   고전을 주로 문헌학적으로 연구하여 유교나 불교가 전래되기 이전의 일본 고유의
   정신문화를 탐구한다.

9) 伊東一夫, 「島崎藤村における信仰の構造」, 『島崎藤村研究』, 21(1993), 30頁.

10) 吉田とよ子, 「キリスト教と日本文學者―『恥の殼』島崎藤村の背信(4)」, 《世紀》,
    415(1984), 85頁.

11) 劍持武彦, 「花袋・獨步・抱月とダンテ『神曲』」, 『イタリア學會誌』, 21(1973),
    48~49頁.

12) 龜井勝一郎, 『島崎藤村』(長谷川泉監修 近代作家研究叢書 124), 弘文堂,
    1993, 28頁.

13) 伊東一夫, 「島崎藤村」遠藤 祐 外編, 『キリスト教文學事典』, 教文館, 1994, 284
    頁.

14) 龜井勝一郎, 上揭書, 33頁.

15) 武田友壽, 「告白の文學―島崎藤村『新生』」, 《世紀》, 315號(1976), 90頁.

16) 이 노래는 바쇼의 「사이교 상찬」(西行像讚)에 들어 있다. 바쇼는 이 노래에다가
    "꽃이 지는 날은 마음이 빼앗기기까지 하고"(花の降る日はうかれこそすれ)를 덧
    붙이고 있다. 『校本 芭蕉全集(第6卷)』(紀行・日記編 俳文編), 富士見書房,
    1989, 540頁.

기타무라 도코쿠와 '내부적 생명'으로서의 그리스도

1) 柳父 章, 『翻譯語成立事情』, 岩波書店, 1982, 89頁.

2) 참고. 遠藤 祐 外編, 『キリスト教文學事典』, 教文館, 1994, 64頁.

3) '연애'라는 번역어의 자세한 영향사에 대해서는 다음의 글을 참조할 수 있다. 山

根 宏,「『戀愛』をめぐって—明治 20年代のセクシュアリティ」,『立命館言語文化研究所』, 19卷 4號(2008), 315~332頁.

4) 柳父 章, 前揭書, 90~91頁.

5) 『透谷全集 第一卷』, 岩波書店, 1974, 254頁.

6) 笹淵友一, 『北村透谷』, 日本圖書センター, 1993, 2頁.

7) 渡邊和靖,「北村透谷素描—日本近代とキリスト教」, 日本プロテスタント史研究會 編,『日本プロテスタント史の緒問題』, 雄山閣, 1983, 128頁.

8) 色川大吉,『明治思想史(上)』, 講談社, 1976, 202~203頁.

9) 上同, 208~209頁.

10) 永淵朋枝,「透谷におけるキリスト」,『國語國文』, 66(5)(1997), 31頁 이하.

11) 『透谷全集 第一卷』, 141~142頁. 참조. 尾西康充,「キリスト教文學としての 『蓬萊曲』—『ハムレット』との比較を通して」,『三重大學日本語學文學』, 17(2006), 47~57頁.

12) 『透谷全集 第二卷』, 4頁 이하.

13) 『透谷全集 第二卷』, 9~11頁.

14) 『透谷全集 第三卷』, 300頁.

15) 『透谷全集 第二卷』, 240頁.

16) 竹田純郎,『モダンという時代』, 法政大學出版局, 2007, 45頁.

17) 峰島旭雄,「明治期における西洋哲學の受容と展開(10)—北村透谷と宗教」, 『早稻田商學』, 237(1973), 41~63頁.

18) 『透谷全集 第一卷』, 320頁.

무샤노코지 사네아쓰의 '가장 위대한 형제'로서의 예수

1) 『武者小路實篤全集』(第11卷), 小學館, 1989, 44~45頁.

2) 川 鎭郎,「武者小路實篤と『聖書』」,『國文學 解釋と鑑賞』, 64(2)(1999), 26頁; 笠原芳光,『日本人のイエス觀』, 教文館, 2007, 104頁.

3) 大津山國夫,『武者小路實篤研究—實篤と新しき村』, 明治書院, 1997, 71頁.

4) 레프 톨스토이,『성경』, 강주헌 역, 작가정신, 1999, 33쪽.

5) 참조. 渡邊 淸, 「武者小路實篤硏究」, 日本文學硏究資料刊行會編, 『白樺派文學』, 有精堂, 1974, 217頁.

6) 川 鎭郞, 前揭文, 29頁.

7) 大津山國夫, 前揭書, 93頁.

요시모토 다카아키의 '가공(架空)의 예수'

1) 『吉本隆明が語る戰後55年⑤―開戰·戰中·敗戰直後.「マチウ書試論」を中心に』, 吉本隆明硏究會編, 三交社, 2001, 8頁.

2) '전중파' 란 유소년기에는 황국신민교육(皇國臣民敎育)을 받았고, 전쟁 중에는 국가 동원 대상의 중심이 되면서 그 어느 세대보다 가장 많은 정신적 방황과 희생자를 강요받았던 세대에 붙여진 명칭이다. 이들이 전후에 보인 행태는 물론 다양한 모습으로 나타난다.

3) '안보투쟁' 이란 일미안전보장조약(日米安全保障條約)에 반대하는 격렬한 반전운동을 가리킨다. 1951년 일본과 미국 사이에 체결된 안보조약을 갱신한 1960년의 신(新)안보조약은 일본이 미국에 단순히 군사기지를 제공하는 차원을 넘어서 일본과 미국의 공동방위를 의무화하는 내용이 포함되어 있었는데, 이로 말미암아 일본이 다시금 전쟁에 휘말리는 것은 아닌가라는 격렬한 반대론을 불러일으켰던 것이다.

4) 絓 秀實, 『吉本隆明の時代』, 作品社, 2008, 159頁 이하.

5) 磯田光一, 『マチウ書試論』の問題」, 『早稻田文學』(第7次), 2(11)(1970), 140~141頁.

6) 笠原芳光, 「吉本隆明における聖書」, 『吉本隆明全キリスト敎論集成』, 1988, 春秋社, 322頁.

7) 『吉本隆明全著作集1』, 勁草書房, 1968, 125頁 이하.

8) 笠原芳光, 前揭文, 317, 323, 324頁.

9) 上總英郞, 「『マチウ書試論』批判―吉本隆明論の一環として」, 『早稻田文學』(第7次), 4(6)(1972), 100~102頁.

10) 武田友壽, 『宗敎と文學の接點』, 中央出版社, 1970, 25頁.

11) 『마치우서 시론』의 인용은 『吉本隆明全著作集4』(勁草書房, 1969)를 이용하
　　였다.

12) 『吉本隆明が語る戰後55年⑤―開戰・戰中・敗戰直後.「マチウ書試論」を中心
　　に』, 13頁.

13) 磯田光一, 前揭文, 143頁.

14) 笠原芳光, 前揭文, 324～325頁.

15) 絓　秀實, 前揭書, 162頁.

다자이 오사무의 '고뇌하는 그리스도'

1) 奧野健男, 「解說」, 『グッド・バイ』, 新潮社, 1972, 340頁.

2) 遠藤　祐(外)編, 『キリスト敎文學事典』, 敎文館, 1994, 363頁.

3) '馳け込み訴え'는 '급하게 뛰어들어와 고소함'이라는 의미이지만, 이 글에서는
　　『고소』(告訴)라고만 옮겼다. 다자이의 작품은 『太宰治全集』, 筑摩書房, 1989로
　　부터 인용하였다.

4) 笠原芳光, 「吉本隆明における聖書」, 『吉本隆明全キリスト敎論集成』, 1988, 春
　　秋社, 317頁.

5) 奧野健男, 「解說」太宰治, 『走れメロス』, 新潮社, 1967, 237～238頁.

6) 高橋英夫, 「ユダ的テーマの系譜」, 『國文學　解釋と敎材の硏究』, 27(7)(1982),
　　56頁.

7) "우리 가운데서 일어난 여러 가지 일에 대하여 차례대로 이야기를 엮어 내려고,
　　손을 댄 사람이 많이 있었습니다. 그들은 이 이야기를, 처음부터 그 일의 목격자
　　요 말씀의 전파자가 된 이들이 우리에게 전해 준 대로 엮어 냈습니다. 그런데 존
　　귀하신 데오빌로 님, 나도 모든 것을 처음부터 정확하게 조사하여 보았으므로, 귀
　　하게 이 이야기를 차례대로 엮어 드리는 것이 좋겠다고 생각하였습니다. 이는, 이
　　미 배우신 일들이 확실하다는 것을 귀하께서 아시게 하려는 것입니다."(누가복음
　　1:1～4)

8) 奧野健男, 「解說」太宰治, 『惜別』, 新潮社, 1973, 382～383頁.

9) 佐藤泰正, 「『駈け込み訴え』と『西方の人』―イエス像の轉移をめぐって」, 『國文

學 解釋と鑑賞』, 48(9)(1983), 13頁.

시이나 린조의 '아름다운 그리스도'

1) 笠原芳光, 「解說―吉本隆明における聖書」, 『信の構造②全キリスト教論集成 吉本隆明』, 春秋社, 1988, 316頁.

2) 佐藤泰正, 「椎名麟三の人と作品」, 佐藤泰正編, 『鑑賞日本現代文學 25 椎名麟三・遠藤周作』, 門川書店, 1983, 12頁.

3) 佐藤泰正, 上同, 25頁.

4) 高堂 要, 『椎名麟三論―その作品にみる』, 新敎出版社, 1989, 7頁.

5) 高堂 要, 前揭書, 17頁.

6) 시이나 린조, 『내가 믿는 그리스도』, 金允玉 譯, 展望社, 1980, 33쪽.

7) 尾西康充, 『椎名麟三と「解離」―戰後文學における實存主義』, 朝文社, 2007, 122頁 이하.

8) 小林孝吉, 「椎名麟三における回心の瞬間―『復活のイエス』との出會い」, 『明治學院大學キリスト敎研究所紀要』, 34(2001), 266頁.

9) 아카이와 목사는 원래 정통주의 신학자인 다카쿠라 도쿠타로(高倉德太郎)에게 사사(師事)한 인물로 처음에는 바르트 신학에 경도하였으나, 신앙과 실천의 양립을 주장하면서 일본 공산당에 입당하여 내외적으로 파란을 일으킨 인물이었다. 그 이후 「기독교 탈출기」(キリスト敎脫出記)(1964)를 써서 정통적 기독교 신앙을 비판하고 인간 예수와의 주체적인 교류의 중요성을 강조하였다.

10) 시이나 린조, 『내가 믿는 그리스도』, 金允玉 譯, 展望社, 1980, 64~69쪽.

11) 위의 책, 82~85쪽.

12) 위의 책, 112쪽.

13) 위의 책, 101쪽.

14) 西谷博之, 「椎名麟三論(下)―『運河』から『懲役人の告發』まで」, 『聖學院論集』 15(2), 410頁; 高堂 要, 前揭書, 134頁; 高堂 要, 前揭書, 134頁 이하. 이 수상은 지금까지 시이나의 작품 경력과는 전혀 어울리지 않는 '황당무계하고 웃기는 이야기'라고 여겼다. 즉 기성 문학을 근본부터 흔들고 근원적인 물음을 던져왔

던 시이나, '전후 문학의 기수(旗手)'라고까지 여겨왔던 시이나가 기성 문단으로부터 근대 일본 문학의 '적자'(嫡子)로 자리매김되었다고 하는 사실에 대해, 시이나 문학의 '변절'이고 '굴종'이라고 보는 시각과 '성숙'과 '화해'라고 평가하는 시각이 교차되었다.

15) 小林孝吉, 「キリスト敎文學の誕生—椎名麟三『美しい女』」, 『明治學院大學キリスト敎文化研究所紀要』, 35(2002), 441頁.

16) 上總英郎, 「解說」, 『母性と聖性』(現代日本キリスト敎文學全集10), 182頁.

17) 小林孝吉, 前揭文, 440頁.

18) 上同, 441頁.

19) 尾西康允, 「戰後文學論(一)—椎名麟三『美しい女』論」, 『人文論叢』(三重大學人文學部文化學科研究紀要), 15(1998), 7頁.

오오카 쇼헤이의 『들불』

1) 大岡昇平, 「レイテ戰記の意圖」, 『日本文藝論集』, 2(1970), 2頁.

2) 大江健三郎, 「大岡昇平—死者の多面的な礒言」, 『群像 日本の作家19 大岡昇平』, 小學館, 1992, 23頁.

3) 제12회 동북아시아 기독자문학회의(2009년 8월 27~29일, 수원)에서는 오오카 쇼헤이의 『들불』도 하나의 세션에서 다루어졌다. 이 원고를 작성함에 있어서 위의 모임이 도움이 되었음을 밝히면서 감사를 표하는 바이다.

4) 佐藤泰正, 「陰畵としての神證—『少年』と『野火』を中心に」, 『群像 日本の作家19 大岡昇平』, 小學館, 1992, 174頁. 사토 야스마사는 기독교에 대한 오오카의 관심이 희석되는 이유로 그가 나쓰메 소세키로 대표되는 당시의 문학에 심취한 것과, 일본어로 이미 번역되어 있었던 르낭의 『예수전』을 읽음으로써 "소년이 믿고 있던 '예수 사적'(事蹟)의 절대성이 붕괴되었다"고 지적하고 있다.

5) 龜井秀雄, 「大岡昇平の手—精神の宿り」, 『群像 日本の作家19 大岡昇平』, 小學館, 1992, 34頁.

6) 上同, 37頁.

7) 전장에서 굶주림의 극한에 도달한 병사가 전사한 전우의 인육을 먹었다는 소재는

엔도 슈사쿠의 『깊은 강』(深い河)에도 등장한다. 하지만 엔도는 시체를 먹었다는 츠카다(塚田)의 고백에 대해 외국인 가스통(ガストン)의 입을 통해서 당신의 행위는 이미 용서받았다고 선언한다. "신에게는 모든 것이 용서된다"고 하는 엔도의 신앙 고백은 "신이 계신다면 이것만은 용서받을 수 없다"고 읽힐 수 있는 오오카의 고백과 좋은 대조를 이룬다. 이에 대해서는 좀 더 깊은 고찰이 요구된다고 하겠다.

8) 礒田光一, 「解說」, 『日本文學全集37 大岡昇平』, 河出書房, 1970, 391~392頁.

다카도 가나메의 '한 편의 연극'

1) 「곳코」(ごっこ)는 특히 어린아이들이 일제히 무언가 흉내를 내면서 노는 것을 가리킨다. 「오니곳코」(鬼ごっこ)는 한 명이 귀신이 되어 다른 아이들을 잡으러 다니다가 잡힌 아이가 귀신이 되어 또다시 다른 아이들을 잡으러 다니는 아이들 놀이를 말하는 것인데, '놀이' 라는 개념은 현실 세계를 유희의 연속으로 보는 다카도의 작품 세계를 이해하기 위한 중요 개념이다.

2) 高堂 要, 『物·魂·ごっこ―戰後戲曲論ノート』, 日本YMCA同盟出版部, 1977, 238頁.

3) 한국에서 번역 출판된 『다카도 가나메 희곡선집』(이상보 · 정종화 · 조사옥 공역, 연극과 인간, 2007)에는 『갈색의 천사』, 『하얀 무덤』, 『돈마』, 『죽음의 나라에서 돌아온 오시치』, 『오츠무텐텐』 그리고 『주정뱅이 마르메라도프』가 수록되어 있다.

4) 『高堂要戲曲集―醉っぱらいマルメラードフ』, 花神社, 2000, 625頁.

5) 高堂 要, 『椎名麟三論―その作品にみる』, 新教出版社, 1989, 7頁.

6) 柴崎 聰, 「高堂要の作品世界―『醉っぱらいマルメラードフ』をめぐって」, 『キリスト教文學硏究』, 18(2001), 133頁에서 재인용.

7) 上同, 133頁.

8) 上同, 134頁.

9) 高堂 要, 『物·魂·ごっこ―戰後戲曲論ノート』, 218頁.

10) 사이구사 레이조, 「다카도 가나메의 劇세계」, 『다카도 가나메 희곡선집』, 252~

253쪽.

11) 『高堂要戯曲集―醉っぱらいマルメラードフ』, 620頁.

12) 사이구사 레이조, 前揭文, 253쪽 이하.

13) 上同, 255쪽.

14) 서연호, 「삶의 본질을 투시한 변신극―다카도 가나메의 연극세계에 대하여」, 『다카도 가나메 희곡선집』, 251쪽.

15) 高堂 要, 「解說 イエスは私の代りに死んだか」, 『キリスト教文學の世界13』, 主婦の友社, 1977, 157頁.

16) 『다카도 가나메 희곡선집』, 240~241쪽.

17) 高堂 要, 『物·魂·ごっこ―戰後戯曲論ノート』, 243~245頁.

세이라이 유이치의 『성수』(聖水)

1) 大江健三郎, 김춘미 옮김, 『히로시마 노트』, 고려원, 1995, 292쪽. 규슈대학(九州大學)에 사무국이 있는 원폭문학연구회(原爆文學硏究會)에는 세이라이처럼 전후 세대의 작가들이 모여 원폭 문제를 추구해나가는 방법에 대해서 지금도 연구를 계속하고 있다.

2) 田中俊廣, 「解說 神なき時代の祈り―靑來有一論序說」, 370頁. 『聖水』, 文藝春秋, 2004, 370頁.

3) 大江健三郎, 『日本の「私」からの手紙』, 岩波書店, 1996, 164~165頁.

4) 夏本正樹, 『大江健三郎の八○年代』, 彩流社, 1995, 6頁.

5) '오랏쇼'란 기도를 의미하는 라틴어인 '오라치오'(oratio)를 일본식으로 읽은 것이다. 엔도 슈사쿠의 단편 소설인 「어머니 되시는 분」(母なるもの)에는 가쿠레 기리시단의 오랏쇼가 소개되어 있다. 참조. 김승철, 『엔도 슈사쿠의 문학과 기독교』, 신지서원, 1998.

6) 선교사추방령(伴天連追放令)은 도요토미 히데요시(豊臣秀吉)에 의해서 1587년에 내려졌고, 이어서 1614년에는 도쿠가와 이에야스(德川家康)에 의해서 기리시단 금지령이 발동되었다. 이러한 기독교 금지 조치는 1873년 일본 정부에 의해서 기독교를 금지하는 팻말〔高札〕이 철거되면서 막을 내렸다.

7) 김승철, 『엔도 슈사쿠의 문학과 기독교』, 291~292쪽.

8) 古井由吉, 「水の誘い」, 《文藝春秋》, 3(2001), 364頁.

9) 芥川龍之介, 『西方の人』, 『芥川龍之介全集』(第九卷), 230~231頁.

벚꽃과 그리스도
– 문학으로 보는 〈일본 기독교〉의 계보

2012년 3월 23일 초판 1쇄 인쇄
2012년 3월 28일 초판 1쇄 발행

지은이 | 김승철
펴낸이 | 김영호
펴낸곳 | 도서출판 동연
기 획 | 정진용
편 집 | 조영균
디자인 | 이선희
관 리 | 이영주
등록 | 제1-1383호(1992. 6. 12)
주소 | 서울시 마포구 망원2동 472-11 2층
전화 | (02)335-2630
전송 | (02)335-2640
이메일 ymedia@paran.com
홈페이지 www.y-media.co.kr

ISBN 978-89-6447-176-0 93200